Die Mystifikation des Sexuellen

Das ist der erste Versuch eines Sexualwissenschaftlers, Marxens Warenanalyse und Werttheorie für eine Theorie der menschlichen Sexualität fruchtbar zu machen. Ausgangspunkt ist der Gebetsmühlensatz linker Abhandlungen, nach dem unsere Sexualität zur Ware geworden sei. Diese vorgebliche Gewißheit will Sigusch irritieren. Ohne das Sexuelle in der Art und Weise seiner gesellschaftlichen Fabrikation restlos aufgehen zu lassen, fragt er, wie Gesellschaft in das Sexuelle hineinkommt und aus ihm spricht. Zentral steht dabei die Kategorie des Fetischcharakters, in der Sein und Bewußtsein ineinanderliegen, die Ökonomisches mit Nichtökonomischem vermittelt.

Isolation und Vergegenständlichung des Sexuellen sind im Kapitalverhältnis angelegt und wurden mit seiner Entfaltung verwirklicht. Jetzt konnte das Sexuelle handhabbar gemacht, an- und abgestellt werden. Als verdinglichtes produziert es seine eigene Verdeckung. In der Welt der Ware scheint der Kern der Sexualität dem Diktat der gesellschaftlichen Wertform entzogen zu sein. Liebe imponiert als unmittelbar, Moral als ein Bollwerk gegen Versachlichung. Doch dieser Schein ist es gerade, der das Sexuelle in die Wertform zwingt. So wahr es ist, daß Trieb und Traum des einzelnen keine Waren sind, daß sie der Wertform widersprechen und widerstehen; so wahr ist es, daß sich unser Liebesleben in gesellschaftlichen Formen bewegt, deren Mystifikation, vom hohen Lied der Liebe bis zum niederen Durchbruch des Triebes, diesem Sachverhalt ebenso entspringen wie sie ihn maskieren.

Volkmar Sigusch, Professor Dr. med., lehrt Sexualwissenschaft an der Universität Frankfurt am Main. Im Frühjahr 1984 veröffentlichte er bei Campus »Vom Trieb und von der Liebe«.

Volkmar Sigusch

Die Mystifikation des Sexuellen

Campus Verlag
Frankfurt/New York

CIP-Kurztitelaufnahme der Deutschen Bibliothek

Sigusch, Volkmar:
Die Mystifikation des Sexuellen / Volkmar
Sigusch. - Frankfurt/Main ; New York :
Campus Verlag, 1984.
ISBN 3-593-33419-4

Umschlaggestaltung: Eckard Warminski, Büdingen
Satz: L. Huhn, Maintal
Druck und Bindung: Beltz Offsetdruck, Hemsbach
Printed in Germany

Für
Gunter Schmidt

Inhalt

Vorwort

In kritisch gemeinten Abhandlungen über die Sexualität des Menschen findet sich nicht selten die Bemerkung, unsere Sexualität sei »zur Ware geworden«, ohne daß versucht würde, diese Behauptung aus der Marxschen Theorie herzuleiten. Dieses glaubenssatzmäßige Herbeten störte mich immer, stellt es doch in einer Denkrichtung die Frage still, wie Gesellschaft in das Sexuelle eindringt und aus ihm spricht. Diese Frage aber steht im Zentrum jeder Sexualforschung, ob sie es weiß oder nicht. Nachdem ich jahrelang auf die Darlegungen anderer vergeblich gewartet hatte, unternahm ich selber einen Versuch, auch weil ich den Antworten und den Fragen der Studenten nicht mehr ausweichen wollte. Daß meine Bemühungen jetzt aus dem Halbdunkel des Hörsaals heraustreten, geht nicht zuletzt auf beharrliche Wünsche einiger Hörer zurück. Hoffentlich erweisen sie sich im Licht der Fachkritik als berechtigt.

Weil wir in einer einäugigen Welt leben, muß ich betonen: Es geht darum, die Optik speziell einzustellen, und nicht darum, die Theorie der Sexualität des Menschen mit der Marxschen Werttheorie zusammenfallen zu lassen. Das wäre Unsinn. Ob auf diesem Weg gedankliche Nebelschwaden durchstoßen werden können, mag der Leser entscheiden. Ich selber habe bei meinem dritten Versuch, zentrale Aussagen der Kritik der politischen Ökonomie zu verstehen - den ersten unternahm ich am Ende der 50er Jahre im Osten, den zweiten im Verlauf der 70er Jahre durch die Brille der jugoslawischen und westlichen Marx-Rezeption -, ich jedenfalls habe viel gelernt und glaube jetzt begriffen zu haben: daß uns Marx mit der Kategorie des Fetischcharakters eine der Vermittlung von Ökonomischem mit Nichtökonomischem an die Hand gegeben hat. Diese Kategorie ist in dem eminenten Sinn dialektisch, als in ihr Sein und Bewußtsein ineinanderliegen. Vielleicht ist es in einer Zeit, in der alle Welt von Individuum und Psyche faselt, doch nicht ganz vergeblich, Marx als einen Denker zu erinnern, in dessen vermeintlich rein ökonomischen Schriften der sogenannte subjektive Faktor und die sogenannte Psychologiefrage im Zentrum stehen - nicht in der Art der irrationalen Psychologisierung von Gesellschaftlichem, die heute gang und gäbe ist, notgedrungenerweise aber durch und durch verrückt.

Frankfurt am Main, im Februar 1984

Kritik der politischen Ökonomie und Sexualtheorie

Anarchische Lust, die zur Räson gebracht wird und dem gesunden Volksempfinden ein Grauen ist; Kriterien des Richtig und Falsch, des Beherrscht und Unbeherrscht, die durchgreifen; das Triebhafte, das, über einen Kamm geschoren, in Ehe wie Perversion uniform ist; der Reiz, der in sich läuft und immer raffinierter werden muß, weil er nichts fruchtet; das Sexuelle, das ohne Typisierung nicht zu denken ist, dafür um so mehr ohne Subjektivität; die Mystifikation der Liebe, die den Menschen suggeriert, ihnen gehöre etwas ganz Persönliches, es komme auf sie als Individualitäten, auf ihre Innerlichkeit an, sie seien voll und ganz am Leben, obgleich das Einzelmenschliche in den ökonomischen und gesellschaftlichen Bewegungen stumm und belanglos ist – all das sind Beschreibungen und Resultate einer bestimmten Verdinglichung und Verdrehung des Sexuellen, einer Verdinglichung und Verdrehung beider: des Triebes und des Bewußtseins.

Die Gestalt des Sexuellen, von der bereits unter verschiedenen Aspekten die Rede war, auch dem: daß sie in ihrer heutigen Eigentümlichkeit etwas ist, was wir in untergegangenen Gesellschaftsformationen nicht finden könnten, diese spezifische Gestalt des Sexuellen hat ihr *fundamentum in re* in der Struktur und Funktionsweise der warenproduzierenden Tauschgesellschaft, in der wir leben. Dessen bin ich gewiß, und davon soll die Rede sein. Bevor ich darauf eingehen werde, was die Marxsche Warenanalyse generell (und namentlich der Fetischcharakter) mit der Verfassung des Sexuellen unter hiesigen Lebensverhältnissen zu tun hat, scheint mir jedoch ein Wort zu ihrer heutigen theoretischen Gültigkeit und gedanklichen Reichweite erforderlich zu sein.

Auch in linken Kreisen hat sich die Auffassung breitgemacht, die Marxsche Kritik der politischen Ökonomie vermöchte die global-apokalyptisch gewordenen Lebensverhältnisse der Menschen begrifflich und politisch nicht mehr zu fassen, eine Meinung, die sich auch mir immer wieder aufdrängte. Angesichts der weltweiten Aufrüstung – täglich werden nach *offiziösen* Angaben zwei Milliarden US-Dollar für Rüstung ausgegeben –, angesichts der die Menschheit bedrohenden, heute schon nicht mehr unter Kontrolle zu haltenden »zivilen« Vernichtungspotentiale – 1980 wurden 3804 Zwischenfälle in US-Atomkraftwerken *offiziell* registriert –, angesichts des Hungers in der Welt – heute hungern 800 Millionen Menschen, von denen 15 Millionen nach UN-Berechnungen in diesem Jahr an den Folgen akuter Unterernährung versterben werden –, angesichts des Unterganges vieler Pflanzen- und Tierarten – hierzulande sind nach *amtlichen* Angaben in den letzten 100 Jahren etwa 50 Prozent der Pflanzenarten und 30 Prozent der Tierarten ganz oder fast ausgestorben –, angesichts des Absterbens und Ausrottens ganzer Völker, angesichts der auf uns zurasenden ökologischen Katastrophe, angesichts schließlich der Bewußtseinslage der Bevölkerungsmehrheiten in der sogenannten westlichen Welt, der Resultate »revolutionärer« Prozesse in der sogenannten Alten und Dritten Welt und des Zustandes der Freiheit in den Staaten des »real existierenden« Sozialismus - angesichts all dessen ist die Suche nach neuen theoretischen oder eben überhaupt nicht wissenschaftlich-theoretischen Zugängen verständlich, sind dem denkenden Zeitgenossen nicht nur Gefühle der Vergeblichkeit, des Pessimismus, des Zornes und der Trauer zuzugestehen, sie sind geradezu von ihm zu erwarten und zu erhoffen, insofern er menschlich Anteil nimmt. Werden solche Gefühle aber zu irrationalistischen und nihilistischen Gesellschaftsanschauungen umgegossen - ich nenne für viele die französischen *Nouveaux philosophes* -, kommen einzig »unparteiische«, dafür um so schmuckvollere Diskurse der Macht, naive Naturphilosophien oder vom Leben abgewandte Heilslehren heraus, wird Ökonomisches und Gesellschaftliches über das Mitleiden hinaus psychologisiert, bleibt der Kern dessen maskiert, was zu erkennen und zu bekämpfen ist. Determinismus, Positivismus, Behaviorismus, überhaupt die warenfetischistischen Ideologien sitzen heute mit der Neuen Philosophie und der Humanistischen Psychologie, mit Psychohistorie und Sozialstaatsideologie, ja selbst mit Sexualpädagogik, Sozialarbeit, Familientherapie etc. in einem Boot. Diese geben jenen Flankenschutz.

Jene, denen der Marxismus nie mehr als ein Lippenbekenntnis zu wohlfeiler Stunde war, und jene, die ihn offen oder insgeheim als ein System letzter Wißbarkeiten mißbraucht haben, können sich heute umstandslos von ihm abwenden, um ein anderes Bekenntnis herzubeten, eine andere Sicht der Welt zum Dogma zu verschandeln. Es ist ja bekannt, wie lange Schwüre halten und Unfehlbarkeiten. Kein Marxist aber nimmt die Marxschen Theorien als ein Letztes, weil das reiner Idealismus wäre.

Je verbundener ein Gedanke den großen Gedankensträngen der Menschheit ist, desto mehr darf er darauf hoffen, nicht gleich wieder unterzugehen. Weil der Marxismus an den materialistischen Gedankenstrang anschließt, der sich am Beginn der Philosophie ausbildete und selbst in zutiefst idealistischer Zeit durchgehalten wurde, auch deshalb ist er noch nicht aus der Welt.[1] Ewiglich ist er aber, Gott sei Dank, gewiß nicht, und fortzuentwickeln ist die Marxsche Lehre wie jede andere auch. Weil ich nachfolgend einige Resultate der Marxschen Warenanalyse und den Begriff des Warenfetischismus aufgreifen möchte, um auf diesem Boden einige Gedanken zur Lage von Bewußtsein und Trieb anzuschließen, sei hier wenigstens angedeutet, in welche Richtung die Marxsche Gesellschaftslehre weiterzuentwickeln wäre und auch schon weiterentwickelt worden ist.

»Natürlich« - und das meint, wie wir noch sehen werden, immer »gesellschaftlich« - gibt es hierzulande nicht das Proletariat, das bereits der frühe Marx der *Kritik der Hegelschen Rechtsphilosophie* ins Auge gefaßt hat-

1 Vgl. besonders Friedrich Albert Lange, Geschichte des Materialismus und Kritik seiner Bedeutung in der Gegenwart (1866). Erstes und Zweites Buch, herausgegeben und eingeleitet von Alfred Schmidt. Frankfurt a. M. 1974

te: eine Klasse, die, wenn sie die Auflösung der bisherigen Weltordnung verkünde, nur das Geheimnis ihres eigenen Daseins ausspreche, weil sie die faktische Auflösung dieser Weltordnung sei. Georg Lukács hat bekanntlich in *Geschichte und Klassenbewußtsein* das Proletariat besonders nachhaltig zum identischen Subjekt-Objekt des Geschichtsprozesses befördert, zum ersten »Subjekt im Laufe der Geschichte, das eines adäquaten gesellschaftlichen Bewußtseins (objektiv) fähig ist«, insofern es sich wirklich praktisch verhalte. Dabei hatte er begriffen, daß sich die aus den kapitalistischen Verhältnissen resultierende Verdinglichung im Proletariat »am prägnantesten und penetrantesten, die tiefste Entmenschlichung hervorbringend, äußern muß.« Anders als die Bourgeoisie, die der Verdinglichung aller Lebensäußerungen ebenfalls unterliegt, fühle sich das Proletariat aber nicht »wohl und bestätigt«, sondern »in der Entfremdung vernichtet«.[1] Davon kann jedoch keine Rede sein.

1 Georg Lukács, Geschichte und Klassenbewußtsein. Studien über marxistische Dialektik (1923). Amsterdam 1967, S. 217, 165. - 45 Jahre später hat Lukács diese Auffassung als »ein Überhegeln Hegels, eine Konstruktion, die an kühner gedanklicher Erhebung über jede Wirklichkeit objektiv den Meister selbst zu übertreffen« beabsichtigte, bezeichnet. Überschwenglich habe er, »was dem messianischen Utopismus des damaligen linken Kommunismus ... entsprach«, das echte Klassenbewußtsein des Proletariats »von jeder empirischen ›Meinungsforschung‹ ... abzugrenzen, ihm eine unbestreitbare praktische Objektivität verleihen« wollen. Formuliert worden sei aber nur ein »›zugerechnetes‹ Klassenbewußtsein«, und wie dieses in revolutionäre Praxis umschlage, erscheine, objektiv betrachtet, »als das reine

Die Vergesellschaftung aller Gesellschaftsmitglieder und damit das, was hier Verdinglichung genannt worden ist, hat ein Ausmaß erreicht, das Marx zwar gedanklich durchaus vorwegnahm, sich aber gleichwohl nicht ganz und gar auszumalen vermochte. Lukács dagegen legte Anfang der 20er Jahre Analysen vor, die diese Vergesellschaftung belegen und ihn zu anderen politisch-theoretischen Schlußfolgerungen hätten führen können. So sah er, daß die »rationelle Mechanisierung bis in die ›Seele‹ des Arbeiters« hineinragt, indem durch die Zerlegung des Arbeitsprozesses à la Taylor-System selbst seine psychischen Eigenschaften »von seiner Gesamtpersönlichkeit abgetrennt« werden, »ihr gegenüber objektiviert, um in rationelle Spezialsysteme eingefügt und hier auf den kalkulatorischen Begriff gebracht werden zu können«.[1] Wie bei der Taylorisierung, die natürlich inzwischen schon lange übertroffen ist, Arbeitsteilung und Verdinglichung Psychisches erfassen, versenken sie sich z.B. bei der Bürokratie ins »Ethische«. Der Bürokrat pocht auf seine Gewissenhaftigkeit, seine Ehre, sein Verantwortungsgefühl und ist doch dem System der Sachbeziehungen vollständig untergeordnet. Nicht anders ergeht es dem Juristen samt seinem Rechtsgefühl, weil es kalkulierbar sein muß, damit er »mehr oder minder ein Paragraphenautomat ist, in welchen man oben die Akten nebst den Kosten und Gebühren hineinwirft, auf daß er unten das Urteil nebst den mehr oder minder

Wunder« (Vorwort von 1967 zu Geschichte und Klassenbewußtsein. Frühschriften II. Werke, Bd. 2. Neuwied 1968, S. 24, 18 f.).

1 Georg Lukács, Geschichte und Klassenbewußtsein, a.a.O., S. 99

stichhaltigen Gründen ausspeie«.[1] Eine der perfektesten Fassaden aber ist bis heute die der geistigen Arbeit, die schon lange Warencharakter hat. Lukács begriff namentlich den Journalismus, die »›Gesinnungslosigkeit‹ der Journalisten, die Prostitution ihrer Erlebnisse und Überzeugungen« als »Gipfelpunkt der kapitalistischen Verdinglichung«, weil »gerade die Subjektivität selbst, das Wissen, das Temperament, die Ausdrucksfähigkeit zu einem abstrakten, sowohl von der Persönlichkeit des ›Besitzers‹ wie von dem materiell-konkreten Wesen der behandelten Gegenstände unabhängigen und eigengesetzlich in Gang gebrachten Mechanismus wird«.[2] Journalisten und andere Virtuosen, die ihre versachlichten geistigen Fähigkeiten verkaufen, Juristen, die unterm Prinzip der Kalkulation operieren, oder Verwalter mit der Verantwortungsfassade sind für Lukács ganz zur Ware geworden, weil auch ihre Gedanken und Gefühle verdinglicht seien, so daß ihnen keine Organe mehr zur Verfügung stünden, mit denen sie sich zur Wehr setzen könnten. Anders sei es beim Arbeiter, dessen »Seele« zwar durch den Verdinglichungsprozeß »verkümmert und verkrüppelt«, während »gerade sein menschlich-seelisches Wesen nicht zur Ware verwandelt« werde.[3] Das behauptet er, obwohl er schon theoretisch vorweggenommen hatte, wohin sozialdemokratische Ideologien, heute besonders die von der Sozialpartnerschaft

1 Max Weber, Gesammelte politische Schriften. München 1921, S. 142

2 Georg Lukács, Geschichte und Klassenbewußtsein, a.a.O., S. 111

3 Ebd., S. 188

und vom Sozialstaat, führen müssen, indem einerseits »der« Mensch als höchster Wert, als Ideal und Sollen betont wird, andererseits aber aller Auflehnung durch die parallel betriebene »Einsicht« in die sogenannten Sachzwänge des wirtschaftlichen Geschehens die Kraft genommen ist.

Vor mehr als 100 Jahren konnte Marx nicht vorausahnen, daß und inwieweit Arbeitermassen und Arbeiterbewegung nicht nur staatstragend, sondern gesellschaftsformationserhaltend agieren würden, daß die Welt der Ware zur ganzen werden und Weltwirtschaft und Weltpolitik tatsächlich herrschen würden. Denken Sie nur an die Entfaltung der kapitalistischen Produktion. Heute werden nicht nur Waren produziert, sondern auch Bedürfnisse, d.h. die Sehnsucht nach ihnen. Eine neue Industrie produziert die Mittel, mit deren Hilfe die Waren an den Käufer gebracht werden. Die Waren ihrerseits werfen sich erst in Schale und dann Liebesblicke nach dem Käufer aus, wovon Marx zwar schon gesprochen hat, aber angesichts ihrer heutigen Gewalt nur als blasse Ahnung. Eine Kritik der Warenästhetik blieb unserer Zeit überlassen. Und wenn Marx bei seinen Analysen immer von Rock und Leinwand spricht, dann ist das geradezu vorsintflutlich und hausbacken. Heute ist die nutzlose Warenhülle mehr »wert« als ihr Inhalt, nicht nur bei Auto und Konfekt, auch bei Milchprodukten und Gemüse. So kosten in den USA die Warenverpackungen pro Jahr mehr als alle Nahrungsmittel, die in Indien pro Jahr verzehrt werden. Bei uns zählt nicht das Benutzen und Verzehren der Waren im altmodischen Sinn, sie sollen vielmehr die Sinne zum

Kauf anstacheln, durch immer neue Modelle und Abarten und Metamorphosen vernichtet werden. Daher gibt es immer mehr *Odradeks*, um einen Ausdruck von Kafka zu erinnern, also völlig nutzlose Waren, unter denen noch Kugelschreiber, die in 2000 m Höhe funktionieren, oder Chronographen, die 50 m unter dem Meeresspiegel wasserdicht sind, oder hochgestellte Auto-Zusatzrückleuchten und Bananenentschaler die harmlosesten sind. Herrschte für Marx in der Zirkulationssphäre im Verhältnis zur Produktionssphäre der Schein von Freiheit, Gleichheit, Eigennutz, so überzieht er jetzt das Ganze.

Lukács' Überzeugung, die Warenstruktur trete nur im Arbeitsverhältnis und speziell in dem des Proletariers klar zutage, ist auch insofern von der Entwicklung widerlegt worden, als, zumindest auf den ersten Blick, die Gängelung und Gleichschaltung im Arbeitsbereich dank der vergangenen Kämpfe, vor allem der organisierten Arbeiterbewegung, um eine Spur geringer zu sein scheint (wenn eine solche Graduierung überhaupt noch zulässig ist), als in dem Bereich, der Freizeit genannt wird und ausgefüllt ist mit Kaufhof und Massa, ARD und ZDF, BILD oder Rundschau, Fußball, Kino, Flippern und Disco, Autofahren und Sex, Schnitzel, Pommes frites, Cola und Bier.

Während sich die Arbeiten des Werkmeisters, Verkäufers, Terroristenfahnders oder Hochschullehrers einerseits nur um Nuancen unterscheiden, andererseits aber beträchtlich, sitzen vor Zeitung, Radio, Fernseher oder Leinwand alle im selben Boot, werden mit einem Einheitsbrei abgefüttert wie Säuglinge, fressen alles, von

Dallas bis Holocaust, von Dieter Thomas Heck bis Rainer Werner Faßbinder. Während viele ihre Arbeit als Arbeit erleben, die sie sich nicht haben aussuchen können, besteht die Illusion, in der Freizeit werde das gemacht, was man selber wünsche und wolle, obwohl doch alle konformisiert sind, hilflos und entwaffnet. Während es im Arbeitsbereich durch Verträge und Bestimmungen einen gewissen Schutz gibt, sind außerhalb dieses geregelten Bereichs alle Freiwild. Feierabendschutzbestimmungen wie Arbeitsschutzbestimmungen scheinen idiotisch zu sein, weil doch alles frei und ungefährlich ist, ebenso rententrägermäßig anerkannte Freizeit-, speziell Fernseh-, Zeitungs- oder Disco-Invalididität wie Erwerbs- und Berufsunfähigkeit. Wenn die Stechuhr passiert wurde, hat keiner mehr Angst, der Freizeitfrieden könnte durch Agitation, Werbung, Politik so gestört werden wie es beim Arbeitsfrieden unterstellt wird. Tatsächlich kann darauf vertraut werden, daß sich die entfremdet Arbeitenden betäuben lassen und selber betäuben, durch Schlager und Schlagzeilen, durch Drogen und Sport. Deshalb gibt es nicht einmal eine Gewerkschaft FUV, d.h. für Freizeit, Urlaub und Verkehr, die einen vor der gröbsten, darunter sexuellen Eintönigkeit und Ausplünderung notdürftig in Schutz nehmen könnte.

Die Mystifikation, die die Kritik der politischen Ökonomie für den Bereich der Arbeit als deren Doppelcharakter von allgemeiner, abstrakter einerseits und konkreter, nützlicher andererseits gefaßt hat und deren eine ideologische Sozialpartner-Gestalt die des Arbeit*nehmers* ist, obgleich doch die so Genannten Arbeitskraft*geber* sind, müßte also ergänzt werden durch die

Mystifikation, die eine »Kritik der politischen Freizeit« zu bestimmen hätte: Was nach der Arbeit als autonome, selbstgewählte Tätigkeit imponiert, ist in Wahrheit alles andere als das, weder autonom noch Tätigkeit, und das Sexualleben bildet dabei natürlich keine Ausnahme. Daß Unfreiheit, Konformität und Verdinglichung vornehmlich oder gar ausschließlich im Produktionsbereich, bei der Arbeit anzunehmen seien, ist mittlerweile vollends zum vulgär-marxistischen Gemeinplatz geworden. Wäre es so, könnte orthodox-revolutionstheoretisch reichlich Hoffnung verbreitet werden.

Doch daß es im Arbeitsbereich mehr Freiheitsgrade, einen relativ zum Freizeitbereich größeren Schutz gäbe, ist objektiv ein Schein. Viele Menschen, die bisher immerhin als käufliche Arbeitskraft zählten, sind längst durch voranschreitende Automation und Rationalisierung überflüssig geworden. Das scheinbare Paradoxon, daß etliche Junge wie noch mehr Alte froh sind, morgens wieder zur Arbeit gehen zu können, weil nur diese ihnen noch Halt und Sinn zu geben vermag, weist nicht nur darauf hin, wie leer und notzüchtend die sogenannte Freizeitkultur ist. Es kommt aus diesem Zug der Kapitalentfaltung. Heute geht es nicht mehr »nur« um kürzere oder längere *Arbeits*losigkeit, heute steht die *Arbeiter*losigkeit der Fabriken, Betriebe und Verwaltungen auf dem Plan.[1] Studieren kann man solche Entwicklun-

1 Kürzlich kam beispielsweise das Frankfurter Marktforschungsinstitut Gewiplan in einer Studie zu dem Ergebnis, daß die technischen Voraussetzungen für die »unbemannte« oder zumindest »menschenarme Fabrik« geschaffen seien. Hierzulande sind gegenwärtig 1500 bis 1700 »programmierbare Handhabungsgerä-

gen, wie so viele, zuallererst im militärisch-technischen Sektor; aber es haben sich auch schon zivile Konzerne, beispielsweise Kawasaki, vor Jahren mit der Realisation einer *unmanned factory* gebrüstet. In der Tat: Zu was sind die Menschenmassen noch nütze, wenn ein Computer in einer Sekunde 1000mal mehr Daten ausspucken und auch noch verarbeiten kann, als es 1000 Menschen in 1000 Stunden könnten?

Dieses Beispiel weist neben der Tatsache, daß sich die Monopole ihre Märkte nach ihren Erfordernissen zurechtschneidern - der Energie-Konzern Exxon beispielsweise hat mit 110 Milliarden US-Dollar einen Umsatz, der dem Bruttosozialprodukt einer mittelgroßen westlichen Industrienation entspricht -, und jener mittlerweile auch für jedermann erkennbaren Tatsache, daß der Staat ökonomisch interveniert, auf eine weitere wesentliche nachmarxische Veränderung hin: Wissenschaft und Technik - und selbst das sage ich hier nur nebenbei: weltweit steht etwa die Hälfte der wissenschaftlichen und technischen »Intelligenz«, allein quantitativ betrachtet, im unmittelbaren Dienst von Rüstung und Kriegsführung -, Wissenschaft und Technik sind zu einer direkten Produktivkraft geworden. Für diesen Fall sah Marx selber die von ihm entwickelte Werttheorie an die Grenze ihrer historischen Gültigkeit gestoßen: Wenn die unmittelbare Arbeit als das bestimmende

te«, wie Roboter genannt werden, im Einsatz. Zu den wichtigsten Roboterherstellern gehören AEG, Siemens, IWKA, Pfaff, Bosch und VW. Bis 1990 wird mit dem Zwanzigfachen dieser Anzahl gerechnet, vor allem im Montagebereich (vgl. Frankfurter Rundschau vom 7. Juni 1982, S. 4).

Prinzip der Produktion - der Schöpfung von Gebrauchswerten - »sowohl quantitativ zu einer geringen Proportion herabgesetzt (wird), wie qualitativ als ein zwar unentbehrliches, aber subalternes Moment gegen die allgemeine wissenschaftliche Arbeit, technologische Anwendung der Naturwissenschaften nach der einen Seite, wie gegen die aus der gesellschaftlichen Gliederung in der Gesamtproduktion hervorgehende allgemeine Produktivkraft«, dann arbeitet das Kapital »an seiner eignen Auflösung als die Produktion beherrschende Form«.[1]

Die Verwandlung des Menschen vom *homo faber* zum *homo creator*, wie es Günther Anders nennt[2], geht mit der zum *homo materia* Hand in Hand. *Homo creator* - das meint: die metaphorische und theoretische Rede von der »zweiten Natur« ist blanke Wirklichkeit geworden. Es gibt jetzt nicht nur Varianten von Pflanzen und Tieren der »ersten Natur«, sondern Naturvorgänge und Naturdinge, die, bevor sie von Menschen produziert worden sind, in der Natur gar nicht vorkamen. Beispielsweise die Elemente 93 und 94. Hinter diesen »coolen« Bezeichnungen gewahrt Anders die eigentliche Revolution des gegenwärtigen Zeitalters. Element 94 - das ist das Plutonium, und das bedeutet: Die Menschen haben ihren eigenen Untergang produziert, jedenfalls ist diese Möglichkeit auch durch das Vernichten al-

1 Karl Marx, Grundrisse der Kritik der politischen Ökonomie. Rohentwurf (1857/58). Frankfurt a. M. und Wien, o. J., S. 587 f.

2 Günther Anders, Die Antiquiertheit des Menschen. Band II: Über die Zerstörung des Lebens im Zeitalter der dritten industriellen Revolution. München 1980, S. 21 ff.

ler atomaren Vernichtungswaffen nicht mehr aus der Welt zu schaffen. Und wie die Menschen heute der Natur Prozesse und Stücke hinzufügen oder aus ihr herausnehmen, so planen sie es für die nächsten Jahrhunderte. Beispielsweise, indem Lebewesen kurz nach der Befruchtung, wenn sie aus nur wenigen Zellen bestehen, durch Kälte-Schock konserviert werden, um sie dann irgendwann, wenn sie von Nutzen sein könnten oder in der Natur bereits untergegangen sind, dieser wieder zuzuführen.

Das meinte ich, als ich mit Günther Anders sagte, die Verwandlung zum *homo creator* geht Hand in Hand mit der zum *homo materia*. Die Degradation der Menschen zum Rohstoff hat viele Gestalten und ist in der Tat von Marxens und Lukács' Begriff der Verdinglichung nicht zu erfassen. Wird ein Arbeiter nach Gewerkschaftsprotesten wieder statt eines mechanischen Fahrscheinentwerters als Schaffner eingesetzt, dann ist das unterm Kalkül der herrschenden Rationalität ein sinnloser Tribut an die verrückte Tatsache, daß dieser Mensch ein Bewußtsein und Gefühle hat. Wieder in den Arbeitsprozeß eingefügt, unterliegt der Schaffner der allgemeinen Verdinglichung, die daraus resultiert. Das Neue aber ist die gleichzeitige »Selbst-verdingung«[1], denn seine einzigartige, weil spezifisch menschliche Arbeitskraft, etwas, was ihm als Mensch eigen ist, ist gar nicht gefragt; er ist wie ein Ding für etwas eingesetzt worden, wofür es nur eines Dinges bedarf. Furchtbar ist diese Entwicklung – so wollte ich sagen; »furchtbar« aber hieße: wir könn-

1 Ebd., S. 28

ten sie mit unseren Affekten noch begleiten und nachvollziehen. Doch welches Gefühl vermöchten wir mit der Gen-Technologie zu verbinden, damit, daß »menschliche« Ersatzteillager bereits produziert werden und wir selber im ganzen kloniert, d.h. verdoppelt werden können? Vielleicht ist es noch auf einem makabren Umweg möglich, an diese Vorgänge einen Affekt heranzutragen: Die nazistische Aktion »Lebensborn« und die Vernichtung in Auschwitz, also der Beginn der Degradation der Menschen zum Rohstoff, haben mit unseren Gefühlen, auch solchen des Moral- und Rechtsempfindens, mehr zu tun als das Klonieren, weil wir Mörder und Ermordete als solche erkennen und affektiv mit eigenem Haß, eigener Wut, eigener Trauer erreichen können. Schon eine Generation später aber wurden Günther Anders von US-amerikanischen Soldaten die den Japanern herausgebrochenen Goldzähne völlig »arglos«[1] gezeigt. Und was empfinden wir, wenn es heute um sogenannte Retortenbabies geht oder zehn Millionen Flüchtlinge oder um einen alten Mann, der ausgedient hatte und sieben Jahre lang tot in seiner der »Gemeinnützigen Wohnungsbau-Fürsorge AG« gehörenden Wohnung lag, zur Mumie geworden, bevor jemand nach ihm fragte, nein: nicht jemand, sondern ein Bankinstitut, dem natürlich nicht die Starre des Mannes auffiel, sondern: daß es nicht mehr zu Konto*bewegungen* kam?

Um nun wieder auf die Frage zurückzukommen, ob und inwieweit die Marxsche Gesellschaftslehre obsolet

1 Ebd., S. 22

geworden ist: Zunächst, alle bewußtwerdenden, von sozialen Bewegungen aufgegriffenen Miseren, denen die ehedem modischen oder nach wie vor orthodoxen Marxisten heute so ratlos gegenüberstehen, lassen sich und müssen in einen politökonomischen Zusammenhang gebracht werden. Aus was denn sonst als dem Kapitalverhältnis, das mit Anstand und Sitte und sauberer Luft und dem Wohl vielleicht noch kommender Generationen so viel zu tun hat wie der Zins mit der Natur, aus was denn sonst als Profitmaximierung und Spekulation resultieren die Wohnungsmisere, die Arbeitslosigkeit, die Arbeiterlosigkeit, das Rüsten, das Zerstören der äußeren Natur? Natürlich konnte Marx die inzwischen eingetretene Vergesellschaftung und damit Verdinglichung, ihr Ausmaß und ihre Wirksamkeit, namentlich gegenüber seinem Subjekt der Geschichte, nicht im voraus bestimmen. Natürlich ist seine Zusammenbruchs- und Verelendungstheorie spätestens aus heutiger Sicht ökonomistisch und mechanistisch, überhaupt zu eng gefaßt. Wir erwarten inzwischen andere Katastrophen und kennen andere Arten des Elends, was uns allein schon zu seinem Fortschrittsglauben auf Distanz bringt. Heute operiert das Kapital weltweit, über nationalstaatliche, ja selbst politsystemische Grenzen hinweg. Daß es global zugeht, ist wahr, auch, daß die Gefahr der atomaren Vernichtung zum ausschlaggebenden Moment der Menschheitsentwicklung geworden ist. Das weist weit, nein, man muß sagen: apokalyptisch, über Marxens Theorie hinaus. Ebenso wahr ist aber: Die Bedrohung, unter der die Menschheit heute lebt, ist das Resultat der kapitalistischen Entwicklung. An ihrem Beginn stand die Idee vom freien Individuum, vom Menschen, der sich in seine Rechte setzt. Tatsächlich aber wurde der Einzelmensch immer überflüssiger, für den Produktionsprozeß geradezu hinderlich und daher in vielfältiger Weise und mit unterschiedlichem Resultat teilweise oder ganz ausgelöscht. Heute hat das Insistieren auf individueller Freiheit etwas Deplaciertes, weil vielen die Freiheit genommen ist, Freiheit zu vermissen, etwas Idiotisches gar angesichts der drohenden Vernichtung der Menschheit und allen Lebens auf der Erde.

Durch diese Entwicklung wurde ein Punkt erreicht, der Marxens warenanalytische Einsichten aufs äußerste bewahrheitet und zugleich aufs äußerste übersteigt, gleichwohl aber ohne sie nicht begriffen werden kann. Sonst müßte ja den Menschen jenseits aller Geschichte eine naturale Tendenz zur Selbst- und Erdzerstörung unterstellt werden oder einzelnen Produktionen des Kapitalismus ein allbestimmendes Eigenleben, wie es Günther Anders tut. Für ihn ist »Technik« der heutige Weltzustand, »die Technik ist nun zum Subjekt der Geschichte geworden«.[1] Wäre es so, wären die Menschen nicht mehr vorgeschichtlich, wie Marx dachte, oder mitgeschichtlich, wie Anders trotz allem glaubt, sondern längst unwiderruflich aus ihrer eigenen Geschichte herausgefallen, nachgeschichtlich. Sie schleppten ihre Gedanken und Gefühle – Hoffnung, Glaube, Glück und Liebe – als einen puren Ballast mit sich herum, nicht nur als antiquierte und absurde und blödsinnige, vielmehr als scheinlebendige Phänomene bereits Entvi-

1 Ebd., S. 9

talisierter. Ihre »Reaktionen« wären wie der Samenerguß oder das »Gelächter« derer, die gerade erhängt werden.

Allem, was heute geschieht, haftet diese objektive Vergeblichkeit, diese sinnlose Pseudoaktivität an, wie sehr sie auch durch tösende Unterhaltungs- und glitschige Sinngebungsmaschinerien vernebelt werden sollen, auch unserer Hoffnung: daß das nicht die ganze Wahrheit sei. Die Kategorien, die Marx in seinen politökonomischen Schriften entwickelt hat, stoßen offenbar dort an die Grenze ihrer historischen Gültigkeit, wo die ins Totale gehende, quantitativ wie qualitativ veränderte gesellschaftliche Verdinglichung eine Tendenz aus sich heraustreibt, die die Menschen als Menschen nicht einmal mehr partiell gelten läßt, die die Menschen dem Reich des Unbelebten zuordnet und sich selber zuordnen läßt, die auf nichts aus ist als Verschrottung und Liquidation. Diese Tendenz wird vielleicht von der Philosophie als *Verstofflichung* begrifflich gefaßt werden müssen, weil sie weit über das hinausreicht, was der Begriff der Verdinglichung bisher zu umfassen suchte. Beide jedoch, Verdinglichung und Verstofflichung, haben eine konkrete Geschichte und spielen sich in menschlicher Gesellschaft ab. Daher weiß ich keinen anderen Beginn der Reflexion als den, den uns Marx mit der Kritik der politischen Ökonomie an die Hand gegeben hat. Für dieses Beginnen plädieren heißt natürlich nicht, in Marxens Lehre eine Apparatur sehen, die aus Formeln und Gesetzen besteht und mit deren Hilfe der heutigen Wirklichkeit ihre Wahrheit abgemolken werden könnte, in ihr ein Totalfundament sehen, auf dem das, was objektiv und subjektiv auseinandergetrieben ist, wieder zusammengebastelt werden könnte, und sei es bloß im Kopf.

Warenanalyse

Morgens beim Aufstehen erfahre ich aus dem Radio, daß mein Gebiß nur überdauern werde, wenn ich es fortan mit *Signal plus. Die Vorsorgekraft* putze. Beruhigt, weil ich das schon tue, und nachdenklich, weil ich vor kurzem hörte, daß die Schlemmkreide den Schmelz der Zähne angreifen soll, wage ich den ersten Blick aus dem Haus und erfahre von der Wand vis-à-vis: *Heute ist Milupa-Tag!* Mit einem leichten Stirnrunzeln - gestern noch verkündete der Fußballnationalspieler einen *Chiquita-Tag* - schlage ich meine Zeitung auf, wobei ich zum x-ten Male, also habituell, die Vierfarbbeilage, diesmal: *Das Einrichtungscenter des guten Geschmacks*, aus dem Schwarz-Weiß herausfallen lasse. Zwischen der Nachricht, daß Arbeiter den VDM-Betrieb in Frankfurt-Heddernheim besetzt haben, weil sie keine Almosen wollen, und der, daß die USA nach Südafrika den höchsten Prozentsatz ihrer Bevölkerung inhaftiert haben, erhalte ich den Rat, mit *Original Roots* aus einem solchen Land wieder natürlich gehen zu lernen. Endlich, immer ein waghalsiges Experiment, habe ich die Feuilleton-Seite gefunden - dort darf ein Adornit, immer ein doppelbödiges Vergnügen, zwischen dem Räumungsverkauf von *Radio Diehl: TV Portable, HiFi-Komponenten, CEC 6000 Digital TA-F 35 L Sinuslinear-Receiver, quarzgeregelt,* und den Bildern aus *Dr. Müller's Blue Movie Sex-Kino-Center* über die Passionanda-Sonate, die in Florenz gespielt ward, sich entschlagen. Behutsam die allzu schwärzenden Ganzseiten-Sonderangebote von *massa* und *co-op, Wertkauf** und *toom* (welche Namen!) überblätternd: *Herren-Quarz-Chronograph, Softballspiel, American Eiscreme, Bananen »Onkel Tuca«, Schlupfanorak, Wanderponcho, Herren-City-Pullunder, Damen-Nicki-Pulli, verschiedene Applikationen, 100 % Acryl, in 5 Herbstfarben, Schnupperpreise, Abgabe solange Vorrat reicht!* (ich erinnere: Ladenhüter sind der Tod des in Warenform fixierten Kapitals), dringe ich zu den Nachrichten »Aus aller Welt« vor: Es gibt jetzt Maschinen, die wie Menschen sprechen können, und in Kolumbien wurde ein Institut mit dem Namen »Für das Wohl der Familie« geschlossen; es hatte 3500 Kinder nach den USA und Europa verkauft. Um mir eine Zigarette anzuzünden, greife ich nach der Streichholzschachtel, doch die meint, ich soll einen *Maykamp für den Magen* trinken. Als ich nachschaue, was das alternative Stadtteilkino im Programm hat, will mir *Roth-Händle* endlich *Würze in die Gedanken* bringen. Auf der Fahrt zur Arbeit, routiniert vorbei an den ungezählten Warenhülsen und Nützlichkeitsversprechen, irritieren mich nur die Autofahrer, die von ihrem Fetisch rufen: *Let's go West!* und es selber nie tun würden. Noch bedauernswerter aber scheinen mir die zu sein, die *Ein Herz für Kinder* aufkleben, nachdem sie es ihnen herausgerissen haben. An meiner scheinbar warenfernen Arbeitsstelle angelangt, werde ich per Dienstpost ziemlich ultimativ samt »Frau Gemahlin« aufgefordert, endlich einen *superben Damengoldring mit 51 Diamant-Baguetten 3.26 ct F/W. 750* oder wenigstens *Face Farce, Überzeichnung, Serigraphie auf Foto 58x42 cm, sign. u. num.*, von Arnulf Rainer zu erwerben. Nicht unbeeindruckt blättere ich mein »Deutsches Ärzteblatt« durch, das mir mitten im Getümmel der Pillen und Spritzen gar keines oder schweren Kalibers zur *Patientenverwaltung* das *DeTeWe Textbe- und -verarbeitungssystem »cobos«* anempfiehlt. Bombardiert will ich mich in eine wissenschaftliche Abhandlung vertiefen, die Verkehrungen und Verlockungen der ersten zwei Stunden des Tages treiben in meiner Seele gewiß ihr Unwesen, da werde ich in der Abhandlung aufgefordert, *Beiträge zur Lerntheorie* zu abonnieren. Als ich wieder auf die Straße gehe, sind die Stimulationen teilweise von anderer Sorte; der Abend hat begonnen. Die Menschen versuchen jetzt bei Bier und Fernsehen, an Flipper und Theke die Lücken zu schließen, die die abgestellten Warenhäuser hinterlassen. Unsicherheit wird spürbarer, die Lage ist voller Komplikationen; doch aus der Warenwelt, aus Angebot, Reklame, Kauf und Verkauf wird nicht herausgetreten.

Die Marxsche Kritik der politischen Ökonomie beginnt ebenso lapidar wie merkwürdig. *Das Kapital*, 1. Band, 1. Satz: »Der Reichtum der Gesellschaften, in welchen kapitalistische Produktionsweise herrscht, erscheint als eine ›ungeheure Warensammlung‹, die einzelne Ware als seine Elementarform.«[1] Die Untersu-

1 Karl Marx, Das Kapital. Kritik der politischen Ökonomie. Er-

chung müsse folglich diese Elementarform zum Ausgang nehmen, mit der Analyse der Ware beginnen. Dieser Beginn leuchtet auf den ersten Blick vielleicht ein, was dann einen Grund haben müßte, auf den zweiten aber vielleicht nicht mehr. Zunächst ist vor allem angesichts des Denkens seiner Zeit festzuhalten, daß Marx nicht von Begriffen ausgeht und auch nicht von *dem* Menschen. »Wovon ich ausgehe«, schreibt er kurz vor seinem Tod in den *Randglossen zu Adolph Wagners »Lehrbuch der politischen Ökonomie«*, »ist die einfachste gesellschaftliche Form, worin sich das Arbeitsprodukt in der jetzigen Gesellschaft darstellt, und dies ist als ›Ware‹.«[1] Seine Methode habe »mit der professoraldeutschen Begriffsanknüpfungs-Methode nichts gemein«.[2]

Ganz offensichtlich will der Untersucher einen Einstieg wählen, den der Leser ohne weiteres nachvollziehen kann, der jedermann bekannt ist, »wenn er auch sonst nichts weiß«[3], wie er etwas später selber formuliert. Jedermann weiß, auch wenn er Hegels *Phänomenologie des Geistes* nicht studiert hat, daß in der hiesigen Gesellschaft praktisch alle Arbeitsprodukte ausgestellt werden, und zwar zum Verkauf. Der Untersucher blickt also in das gesellschaftliche Leben wie wir alle jeden Tag.

ster Band (1867). MEW (= Marx-Engels-Werke, Berlin/DDR 1956 ff.), Bd. 23, S. 49

1 Karl Marx, Randglossen zu Adolph Wagners »Lehrbuch der politischen Ökonomie« (1879/80). MEW, Bd. 19, S. 369

1 Ebd., S. 371

1 Karl Marx, Das Kapital. Erster Band, a.a.O., S. 62

Offenbar ist dieser Blick, von dem hier die Rede ist und den Marx eröffnend einnimmt, für die hiesige Produktionsweise kennzeichnender als zum Beispiel der, der aus dem Ansehen der ungeheuren Warensammlung, aus ihrer schier unendlichen Reichhaltigkeit, Nützlichkeit und Schönheit Gefühle der Größe, der Schöpfungskraft, der Sinnfälligkeit zöge. Und offenbar meint der Untersucher, uns eine Abstraktion zumuten zu können, die natürlich erst das Resultat und nicht der Beginn seiner Analyse ist, wenn er nicht bei der Mannigfaltigkeit der ungeheuren Warensammlung, beim Reichtum der sinnlich unterschiedenen Arbeitsprodukte ansetzt, sondern beim einzelnen Produkt, das er, ebenfalls ein Resultat vorausgegangener Überlegungen, sogleich als Ware bezeichnet. Die Abstraktion, die jedermann vornehmen kann und spontan auch regelmäßig vollzieht – es ist sehr viel beschwerlicher, das nicht zu tun, weil dann das Alltagsbewußtsein durchbrochen werden muß –, diese Abstraktion von der ungeheuren Mannigfaltigkeit der ungeheuren Produktsammlung besteht darin, daß all diese sonst so differenten Produkte, von der Plastiktüte bis zum Brillantring, eines gemein haben: sie sind alle prinzipiell käuflich, und das wissen wir, wenn wir auch sonst nichts wissen. Arbeitsprodukte, deren Bestimmung es ist, verkauft zu werden, nennen wir Waren.

Für die Gesellschaftsformation, die zu analysieren sich der Untersucher anschickt, ist wesentlich, daß alle Dinge Warenform angenommen haben. Das wird vorausgesetzt, auch als historisch Spezifisches, ohne daß das der Untersucher expliziert. Kapitalforscher wie Wolfgang Fritz Haug haben durchdekliniert, ob nicht, wie oft gefordert, ein anderer Beginn möglich oder gar notwendig gewesen wäre.[1] Aber es führt kein Weg von der Produktion, von den Bedürfnissen oder vom Lohn zu Geld und Kapital und damit Kapitalismus mit all seinen Mystifikationen, von denen hier besonders die Rede sein soll, jedenfalls kein so geradliniger und zwangsläufiger wie der, der bei der Ware seinen Ausgang nimmt. Das gilt auch für die Kategorie der Arbeit, von der ich in anderem Zusammenhang sagte, sie sei die erste Kategorie der Sexualwissenschaft. Gattungsgeschichtlich ist das fraglos richtig, weil es kein menschliches Leben ohne nützliche Arbeit gibt, die das schafft, was unabhängig von der Form der jeweiligen Gesellschaft zum Existieren erforderlich ist, die den »Stoffwechsel« zwischen Mensch und Natur vermittelt, der unter allen Bedingungen unumgänglich ist. Soll aber das Spezifische einer bestimmten gesellschaftlichen Praxis gefaßt werden, genügt es nicht, diesen »Stoffwechsel« als eine ewige Notwendigkeit zu begreifen. Lebensnotwendige, nützliche Arbeit in diesem Sinn hat ja nicht zwangsläufig zur Folge, daß ihre Produkte eine Warenform annehmen, so wie die Natur nicht auf der einen Seite Lohnarbeiter und auf der anderen Couponschneider hervorbringt. Wird die Warenform der Arbeitsprodukte als natürliche Form der gesellschaftlichen Produktion genommen, muß das Spezifische der Wert-, Geld-, Kapitalform usw. übersehen werden. Die Verwandlung von Arbeitspro-

1 Wolfgang Fritz Haug, Vorlesungen zur Einführung ins »Kapital«. Köln 1974. – Haugs Exegese hat mir vieles verdeutlicht; meine Darlegungen in diesem Abschnitt sind von den seinigen nicht zu trennen.

dukten in Waren und daher ein Dasein von Menschen als Warenproduzenten hat es schon vor dem Aufkommen der kapitalistischen Produktionsweise gegeben, also in der altasiatischen, antiken usw., wobei allerdings »eigentliche Handelsvölker« nur »in den Intermundien der alten Welt« existierten, »wie Epikurs Götter oder wie Juden in den Poren der polnischen Gesellschaft.«[1] Gesetzmäßig und allgemein nehmen die Gebrauchsgegenstände erst dann Waren- und Wertform an, wenn sie in gesellschaftlichem Maßstab arbeitsteilig und privatplanlos produziert werden. Dann treten die Gesellschaftsmitglieder erst dadurch in gesellschaftlichen Kontakt, daß sie ihre Produkte austauschen. Nur dieser »Stoffwechsel« gestattet es ihnen, alle Mittel zum Leben zu erhalten, da sie den Stoffwechsel mit der Natur höchst segmentarisch betreiben und ihre Arbeitsprodukte nicht gesellschaftlich angeeignet und verteilt werden.

Die warenproduzierende Tauschgesellschaft, also der Kapitalismus, hat viel in die Welt gebracht, nicht zuletzt die Idee vom freien und gleichen Individuum. In der Tat ist die Sphäre der Zirkulation, ist der Warenaustausch »ein wahres Eden der angebornen Menschenrechte. Was allein hier herrscht, ist Freiheit, Gleichheit, Eigentum und Bentham.[2] Freiheit! Denn Käufer und Verkäufer

1 Karl Marx, Das Kapital. Erster Band, a.a.O., S. 93

2 Bentham steht hier für Eigennutz. Den englischen Utilitaristen Jeremy Bentham (1748-1832) mit Ätze zu übergießen, ließ Marx sich besonders angelegen sein. Einen »Urphilister«, ein »schwatzledernes Orakel«, ein »Genie in der bürgerlichen Dummheit« nannte er ihn (MEW, Bd. 23, S. 636 f.). Welche Kü-

einer Ware, z.B. der Arbeitskraft, sind nur durch ihren freien Willen bestimmt. Sie kontrahieren als freie, rechtlich ebenbürtige Personen. Der Kontrakt ist das Endresultat, worin sich ihre Willen einen gemeinsamen Rechtsausdruck geben. Gleichheit! Denn sie beziehen sich nur als Warenbesitzer aufeinander und tauschen Äquivalent für Äquivalent. Eigentum! Denn jeder verfügt nur über das Seine. Bentham! Denn jedem von den beiden ist es nur um sich zu tun. Die einzige Macht, die sie zusammen und in ein Verhältnis bringt, ist die ihres Eigennutzes, ihres Sondervorteils, ihrer Privatinteressen. Und eben weil so jeder nur für sich und keiner für den andren kehrt, vollbringen alle, infolge einer prästabilierten Harmonie der Dinge oder unter den Auspizien einer allpfiffigen Vorsehung, nur das Werk ihres wechselseitigen Vorteils, des Gemeinnutzens, des Gesamtinteresses.«[1] Damit sind wir schon beim Fetischcharakter der Warenwelt, bei den Mystifikationen im Verhältnis von Lohnarbeit und Kapital angelangt, auch bei den Widersprüchen, die diese Produktionsweise auszeichnen. Denn fraglos sind die Freiheit und Gleichheit, die erst noch als Schein begriffen werden müssen, zugleich wirklich, allein wenn sie historisch zu den Produktionsbedingungen und Lebensumständen vorbürgerlicher Gesellschaftsformen in ein Verhältnis gesetzt werden.

bel von Sud würde er heute dazugießen, nachdem die Briten den Nützlichkeitsphilosophen als getreuliche Nachbildung, als Mumie oder Wachsfigur oder Ichweißnichtwas öffentlich aufgestellt haben, um an ihm möglichst auf ewig in Ehrfurcht vorbeidefilieren zu können, wie ich vor kurzem irgendwo las.

1 Karl Marx, Das Kapital. Erster Band, a.a.O., S. 189 f.

Doch ich habe weit vorausgegriffen, weil bisher nur die Rede davon sein sollte, daß und warum Marx die Analyse der kapitalistischen Produktionsweise mit der Analyse der Ware beginnt. Fragen wir uns nun mit Marx, was eine Ware ist, so scheint die Antwort zunächst recht einfach zu sein: Sie ist irgendein äußerer Gegenstand, der dank seiner Eigenschaften irgendwelche menschlichen Bedürfnisse, ob nun des Magens oder der Phantasie, zu befriedigen vermag. Sie ist also ein Ding, das wegen seiner Nützlichkeit Gebrauchswert hat. In der hier zur Rede stehenden Gesellschaftsform hat es aber damit nicht sein Bewenden. Die Waren besitzen auch Wert und Tauschwert. (Gemeinhin werden diese beiden von Marxologen gleichgesetzt, indem einzig die Formel nachgeplappert wird, nach der eine Ware Gebrauchswert und Tauschwert sei. Ähnlich ignorant verfahren orthodoxe Marxisten mit dem, was Marx den Fetischcharakter der Ware nennt. Er kommt bei ihnen oft nicht einmal formelhaft vor, was für eine makellose Weltanschauung gewiß von Vorteil ist.)

Die Wertform der Ware läßt diese gar nicht mehr als ein selbstverständliches, triviales Ding erscheinen. Ihre Analyse ergibt vielmehr, daß die Ware »ein sehr vertracktes Ding ist, voll metaphysischer Spitzfindigkeit und theologischer Mucken«.[1] Mit dieser Formulierung leitet Marx jene berühmte Passage ein, die den Titel trägt »Der Fetischcharakter der Ware und sein Geheimnis«. Wir dürfen also hoffen, die Warenwelt etwas zu entmystifizieren, wenn wir begriffen haben, was Waren-

1 Ebd., S. 85

wert ist. Als erster hat übrigens Aristoteles[1] die Wertform, deren Vollendung die Geldform ist, analysiert, ohne sie jedoch ergründen zu können, weil das eine gleiche Gültigkeit aller Arbeiten und ein Stereotyp von der Gleichheit aller Menschen voraussetzt, die bei Sklavenarbeit und Sklavenhalterdemokratie nicht gegeben waren.

Selbstverständlich kann ich jetzt Marxens Analyseschritte nicht wiederholen, sondern nur knapp, aber hoffentlich noch verfolgbar angeben, was Wertform, was Tauschwert heißt. Den Wert einer Ware erhält man durch die Abstraktion von ihrem Gebrauchswert. Zieht man von den Warenkörpern ihren Gebrauchswert ab, so bleibt ihnen nur eine Eigenschaft: Arbeitsprodukte zu sein. Sie sind dann nicht länger nützliche Dinge, Stuhl, Stoff oder Haus, die eine bestimmte körperliche Beschaffenheit haben. Ihre sinnliche Beschaffenheit ist ebenso ausgelöscht worden wie die in ihnen dargestellten verschiedenen konkreten nützlichen Arbeiten des Tischlerns, Spinnens oder Bauens. Sie sind »reduziert auf gleiche menschliche Arbeit«, die Marx »abstrakt menschliche Arbeit« nennt. Sie haben eine »gespenstige Gegenständlichkeit«, einen »sinnlich übersinnlichen« Charakter angenommen, sie sind nichts als »eine bloße Gallerte unterschiedsloser menschlicher Arbeit«. »Als Kristalle dieser ihnen gemeinschaftlichen gesellschaftlichen Substanz sind sie Werte - Warenwerte.«[2] Eine

1 Aristoteles, Nikomachische Ethik. Ins Deutsche übertragen von Adolf Lasson. Jena 1909, V. Buch, 5

2 Karl Marx, Das Kapital. Erster Band, a.a.O., S. 52, 85

Ware hat also nur einen Wert, weil gleiche menschliche Arbeit in ihr materialisiert, vergegenständlicht ist. Die Substanz des Werts ist also die Arbeit, sein Größenmaß die im Durchschnitt gesellschaftlich notwendige Arbeitszeit, seine Form macht ihn zum Tauschwert.

Mit dem Doppelcharakter der in den Waren dargestellten Arbeit meint Marx den »Springpunkt« nachgewiesen zu haben, »um den sich das Verständnis der politischen Ökonomie dreht«.[1] Auf allen Entwicklungsstufen waren die Menschen darauf angewiesen, ihre Arbeitskraft, hier besser gesagt: ihr Arbeitsvermögen, ihre Hirne und Nerven, ihre Muskeln und Knochen in besonderer zweckbestimmter Form anzuwenden. Die äußeren Dinge wurden dadurch zu Verbindungen zweier Elemente: Naturstoff und Arbeit. Das Verausgaben des Arbeitsvermögens war konkrete nützliche Arbeit; es bildete Gebrauchswerte. War ein Rock produziert worden, konnte ein Mensch damit gekleidet werden, waren zwei Röcke gebildet worden, konnten zwei Menschen gekleidet werden usf. In der Gesellschaft der Warenproduzenten gilt diese Gleichung aber insofern nicht mehr, als der Zunahme des stofflichen Reichtums eine Abnahme der Wertgröße entsprechen kann. Mit anderen Worten: Bei steigender Produktivkraft der Arbeit wird das einzelne Produkt entwertet, mit zunehmender Arbeitsfruchtbarkeit verliert die Arbeitskraft an Wert. Zwei Röcke sind dann auf einmal weniger »wert« als einer, der zwieschlächtige Charakter der Arbeit ist zutage getreten. Während die gebrauchswertproduzierende Arbeit

1 Ebd., S. 56

qualitativ, als konkrete, besondere gilt, zählt die den Warenwert bildende Arbeit nur quantitativ, als gleiche Verausgabung menschlicher Arbeitskraft im physiologischen Sinn, als, wie Marx sagt, »abstrakt menschliche Arbeit«.

Der »mystische Charakter der Ware«[1] entspringt also nicht aus der »Tat-Sache«, daß sie Gebrauchswert ist, und auch nicht aus dem *Inhalt* der Wertbestimmungen. Die Arbeitszeit, welche für die Lebensmittelproduktion erforderlich war, mußte die Menschen in allen Zuständen interessieren. Die alten Germanen berechneten beispielsweise die Größe eines Morgens Land nach der Arbeit eines Tages und nannten den Morgen folglich Tagwerk, Mannwerk oder Mannskraft. Offenbar entspringt der »rätselhafte Charakter«[2] des Arbeitsprodukts aus der Waren*form* selber, die jetzt mit der Wertform gleichgesetzt werden kann. »Das Geheimnisvolle der Warenform besteht also einfach darin, daß sie den Menschen die gesellschaftlichen Charaktere ihrer eignen Arbeit als gegenständliche Charaktere der Arbeitsprodukte selbst, als gesellschaftliche Natureigenschaften dieser Dinge zurückspiegelt, daher auch das gesellschaftliche Verhältnis der Produzenten zur Gesamtarbeit als ein außer ihnen existierendes gesellschaftliches Verhältnis von Gegenständen. Durch dies Quidproquo werden die Arbeitsprodukte Waren, sinnlich übersinnliche oder gesellschaftliche Dinge.«[3]

1 Ebd., S. 85
2 Ebd., S. 86
3 Ebd., S. 86

Im Wertverhältnis der Arbeitsprodukte, worin sich die Warenform in der Tauschgesellschaft darstellt, ist deren physische, sinnlich bestimmte und differente Beschaffenheit ausgemerzt. Insofern sind die Waren übersinnlich, ein mit den Sinnen nicht zu unterscheidendes Einerlei. Eine gesellschaftlich gleiche Wertgegenständlichkeit, die von der sinnlich verschiedenen Gebrauchsgegenständlichkeit getrennt ist, erhalten die Arbeitsprodukte erst innerhalb ihres Austauschs, der in gesellschaftlichem Maßstab dann notwendig wird, wenn voneinander unabhängig, privat, planlos und arbeitsteilig produziert wird. Dann werden die Gebrauchsgegenstände zu Waren, sind die Arbeitsprodukte gespalten in nützliche Dinge und Wertdinge, hat die Arbeit einen Doppelcharakter. Dieser besteht darin, daß die Privatarbeiten, die Privateigentum voraussetzen, einerseits als nützliche Arbeiten ein konkretes gesellschaftliches Bedürfnis befriedigen müssen, und zwar innerhalb des Systems gesellschaftlicher Teilung der Gesamtarbeit, andererseits aber die Bedürfnisse ihrer Produzenten nur befriedigen können, wenn sie, d.h. alle besonderen nützlichen Privatarbeiten, mit einander austauschbar sind. Austauschbar sind die Produkte der Arbeit aber nur dann mit einander, wenn sie als gleich gelten. Als gleich gelten können sie aber nur, wenn von ihrer wirklichen Ungleichheit, von ihrer sinnlichen Verschiedenheit abstrahiert wird. Das aber ist nur möglich, wenn sie auf die in ihnen verausgabte Arbeitskraft, auf die in ihnen geronnene gleiche menschliche Arbeit reduziert werden.

Damit kommt das Geheimnis des Tauschwerts in den Blick. Eine Ware A, z.B. 1 Zentner Kartoffeln, hat mannigfache Tauschwerte, z.B. 20 Flaschen Bier, 5 Dosen China-Ingwer, 1/4 Leinenherrenhemd aus Peru, 39 Blicke auf ein nacktes Mädchen, 1/2 Opernkarte in West-Berlin oder 20 Krimis auf dem Frankfurter Flohmarkt. Diese Tauschwerte derselben gewissen Ware müssen ein Gleiches ausdrücken. Da die Gleichung 1 Zentner Kartoffeln = 20 Flaschen Bier umkehrbar ist, müssen auch Kartoffeln und Bier auf ein Drittes reduzierbar sein, das weder das eine noch das andere ist. Gesucht wird also, in der Sprache der klassischen formalen Logik, das *meson*, das *tertium comparationis*, das Mittlere in der Schlußform des Syllogismus, nach der zwei Ungleiche dann gleich sind, wenn sie einem Dritten gleich sind. Wir selber würden eher den Begriff der Vermittlung bemühen. Aber wie dem auch denkmethodisch sei, das Gemeinsame, das Dritte, das *tertium comparationis* »kann nicht eine geometrische, physikalische, chemische oder sonstige natürliche Eigenschaft der Waren sein«.[1] Es ist der Wert der Ware, bestimmt durch die zu seiner Herstellung gesellschaftlich notwendige Arbeit. Der Tauschwert drückt also einen von ihm unterscheidbaren Gehalt aus, ist dessen Erscheinungsform; der Gehalt der Erscheinungsform Tauschwert ist der Wert. Und nun scheint es schon wieder magisch zuzugehen. Wenn etwas erscheint, muß es auch unseren Sinnen faßbar sein, eben erscheinen. Der Wert ist aber an der Ware selber, an ihrer dinglichen Existenz überhaupt nicht festzumachen. Er »erscheint« erst beim Tausch.

1 Ebd., S. 51

Als Tauschwerte enthalten die Waren »kein Atom Gebrauchswert«[1], ihre Gegenständlichkeit, ihre sinnliche Bestimmtheit und bestimmte Nützlichkeit ist gespenstig und gallertig. Der Gegensatz von Gebrauchswert und Tauschwert im Innern der Ware ist ebenso extrem wie unauflösbar. Gebrauchswert und Tauschwert sind gedanklich getrennt zu halten, kommen aber in der Warenwelt nicht als getrennte vor. Sie stehen im Verhältnis des »Trennungszusammenhangs«, des »Auseinander im Zusammen«[2], wie die Kategorien »abstrakte Arbeit« und »konkret-nützliche Arbeit« auch, die ich bereits erwähnt habe.

Überhaupt führt die Analyse der Ware, dieses zunächst so trivialen, selbstverständlichen Dinges, auf eine schier endlose Kette von Gegensätzen, Widersprüchen, Merkwürdigkeiten, Zwieschlächtigkeiten und Verschleierungen. So sind die Waren fraglos zum Gebrauch bestimmt, hauptsächlich aber offenbar zum Verkauf, wie uns schon vor dem Frühstück bedeutet wird. Wer das in dem Warenhaus, in dem wir leben, nicht beachtet, erscheint als Dieb oder Verrückter und ist es. Wird von den Waren ihr Tauschwert abgezogen, sind sie als Waren ausgelöscht, pure Gebrauchsdinge wie momentan noch Luft, die aber bald einen Tauschwert erhalten könnte und damit in die Welt der Waren einginge, wie schon fast alles eingegangen ist. Zieht man von den Waren ihren Gebrauchswert ab, ist ihr Tauschwert passé, was momentan beim Benzin Furore machen würde. So

1 Ebd., S. 52

2 Wolfgang Fritz Haug, Vorlesungen zur Einführung ins »Kapital«, a.a.O., S. 96

unabtrennbar Gebrauchswert und Tauschwert von den Waren sind, so unwirklich sind sie als Bestimmungen. Als bloße Potentialität sind sie auf deren Verwirklichung angewiesen. Wird aber eine Ware verbraucht, ihr Gebrauchswert also realisiert, wird er zugleich vernichtet und mit ihm der Wert der Ware. Wie hier Entstehen und Untergehen, so liegen beim Tausch Gleichheit und Ungleichheit ineinander. Er setzt die Verschiedenheit der Warenkörper voraus und kann doch nur vollzogen werden, wenn das Gegenteil gilt. Die Differenz, die Tausch in Gang kommen läßt, wird durch ihn negiert. Die »Logik« des Tauschs, für uns ein Gemeinplatz, praktisch und alltäglich, entpuppt sich als ein Labyrinth von Widersprüchen, die in der klassischen formalen Logik als Unvereinbarkeiten gegolten hätten, gleichwohl aber insofern »objektiv« sind, als die gegensätzlichen Bestimmungen der Sache diese Sache als in sich selber widersprüchlich charakterisieren. Daß der Tauschwert einer Ware vernichtet wird, wenn sich der Gebrauchswert realisiert, und andererseits die Realisation des Tauschwerts den Gebrauchswert abstößt, wobei noch von ihm abgesehen wird, ist ein Widerspruch, der in der Ware selber existiert. Die Gegensätze sind total und gehören doch zusammen, soll das durch sie Bestimmte begriffen werden.

»Der in der Ware eingehüllte innere Gegensatz von Gebrauchswert und Wert wird ... dargestellt durch einen äußeren Gegensatz, d.h. durch das Verhältnis zweier Waren, worin die eine Ware, *deren* Wert ausgedrückt werden soll, unmittelbar nur als Gebrauchswert, die andere Ware hingegen, *worin* Wert ausgedrückt wird, unmittelbar nur als Tauschwert gilt. Die einfache Wertform einer Ware ist also die einfache Erscheinungsform des in ihr enthaltenen Gegensatzes von Gebrauchswert und Wert.«[1] Indem eine Ware, z.B. Damenschuhe, ihren Wert im Gebrauchswert einer anderen Ware, z.B. Rotwein, ausdrückt, stanzt sie diese, hier den Rotwein, zu einer Wertform aus, dem Äquivalent. Die Äquivalentform ihrerseits steckt voller theologischer Mucken, demonstriert, was Warenfetischismus heißt. Marx nennt drei »Eigentümlichkeiten«: Erstens wird Gebrauchswert »zur Erscheinungsform seines Gegenteils, des Werts«. In unserem Beispiel ist Rotwein als Gebrauchswert ein von Damenschuhen sinnlich verschiedenes Ding, als Wert ist er Damenschuhgleiches. Im Wertausdrucksverhältnis vertritt der Rotwein »eine übernatürliche Eigenschaft beider Dinge«: »ihren Wert, etwas rein Gesellschaftliches«. Ein gesellschaftliches Verhältnis erscheint also in natural-dinglicher Gestalt. Zweitens wird »konkrete Arbeit zur Erscheinungsform ihres Gegenteils, abstrakt menschlicher Arbeit«. Die Winzerei und das Fabrizieren der Schuhe, beides konkrete Arbeiten, werden als unterschiedslose menschliche Arbeit behandelt. Die Schuhfabrikation gilt als Winzern, das Winzern als menschliche Arbeit in Gallertenform; es geht verrückt-rational zu. Drittens schließlich wird »Privatarbeit zur Form ihres Gegenteils ..., zu Arbeit in unmittelbar gesellschaftlicher Form«[2], was sich aus der Gleichsetzung der einen konkreten Privatarbeit mit der

1 Karl Marx, Das Kapital. Erster Band, a.a.O., S. 75 f.
2 Ebd., S. 70 ff.

anderen ergibt, daraus, daß alle Privatarbeiten ihrer Bestimmung nach wertbildend sind, also gesellschaftlich, übrigens auch als arbeitsteilig betriebene. Ferner wird der Wert der privat hergestellten Waren gesellschaftlich über den Markt realisiert.

Die einfache Wertform ist jedoch überaus unzulänglich. Mit der wachsenden Zahl und Mannigfaltigkeit der auszutauschenden Waren entspringt eine Aufgabe »gleichzeitig mit den Mitteln ihrer Lösung«: diese Keimform muß Metamorphosen durchmachen. Der in den Waren »schlummernde Gegensatz« von Gebrauchswert und Wert wird entwickelt, das »Bedürfnis, diesen Gegensatz für den Verkehr äußerlich darzustellen, treibt zu einer selbständigen Form des Warenwerts und ruht und rastet nicht, bis sie endgültig erzielt ist durch die Verdopplung der Ware in Ware und Geld«.[1] Schien schon in dem einfachen Wertausdruck »1 Zentner Kartoffeln = 20 Flaschen Bier« oder »5 Paar Damenschuhe = 100 l Rotwein« das Ding, worin Wert und Wertgröße eines anderen Dings dargestellt wurden, seine Äquivalentform unabhängig von diesem Verhältnis »als gesellschaftliche Natureigenschaft« zu besitzen, so ist dieser falsche Schein befestigt und vollendet, »sobald die allgemeine Äquivalentform mit der Naturalform einer besondren Warenart verwachsen oder zur Geldform kristallisiert ist. Eine Ware scheint nicht erst Geld zu werden, weil die andren Waren allseitig ihre Werte in ihr darstellen, sondern sie scheinen umgekehrt allgemein ihre Werte in ihr darzustellen, weil sie Geld

1 Ebd., S. 102 f.

ist. Die vermittelnde Bewegung verschwindet in ihrem eignen Resultat und läßt keine Spur zurück. Ohne ihr Zutun finden die Waren ihre eigne Wertgestalt fertig vor als einen außer und neben ihnen existierenden Warenkörper. Diese Dinge, Gold und Silber, wie sie aus den Eingeweiden der Erde herauskommen, sind zugleich die unmittelbare Inkarnation aller menschlichen Arbeit. Daher die Magie des Geldes. Das bloß atomistische Verhalten der Menschen in ihrem gesellschaftlichen Produktionsprozeß und daher die von ihrer Kontrolle und ihrem bewußten individuellen Tun unabhängige, sachliche Gestalt ihrer eignen Produktionsverhältnisse erscheinen zunächst darin, daß ihre Arbeitsprodukte allgemein die Warenform annehmen. Das Rätsel des Geldfetischs ist daher nur das sichtbar gewordne, die Augen blendende Rätsel des Warenfetischs.«[1]

Dem spontanen Bewußtsein der Warenproduzenten und Warenkonsumenten sind das natürlich alles keine Rätsel, sondern Selbstverständlichkeiten, denn: »Jedermann weiß, wenn er auch sonst nichts weiß, daß die Waren eine mit den bunten Naturalformen ihrer Gebrauchswerte höchst frappant kontrastierende, gemeinsame Wertform besitzen - die Geldform.«[2] Deren genauere Analyse samt der durch sie konstituierten neuen Zirkulationsformen führt ebenso wie die von Kapital, Profit, Zins, Grundrente oder Arbeitslohn auf jenen Hiatus zwischen Schein und Wirklichkeit, Alltagsbewußtsein und Erkenntnis, bei dessen Beschreiben Marx in Ausdrücken wie Fetischismus, Magie, Schleier, Mysti-

1 Ebd., S. 107 f.
2 Ebd., S. 62

fikation oder Rätsel Zuflucht nimmt, dort einen Halt sucht, der sinnvollerweise etwas wacklig bleibt, und ein Verstehen beleben will, welchem Brüche, Sprünge und doppelte Realitäten zum menschlichen Leben gehören. Diese oder ähnliche Ausdrücke tauchen nicht nur in jener Passage auf, in der schon in der Überschrift vom »Fetischcharakter« die Rede ist, sondern auf allen Entwicklungsstufen der Kritik der politischen Ökonomie, wenn und wo das verborgene Wesen, die innere Organisation der kapitalistischen Produktionsweise gefaßt werden soll. Die Kernstücke findet der Leser im 1. Abschnitt des 1. Bandes des *Kapital* (»Ware und Geld«) sowie im 5. Abschnitt (»Das zinstragende Kapital«) und 7. Abschnitt des 3. Bandes (»Die Revenuen und ihre Quellen«).

Dort, im 3. Band, spricht Marx davon, daß das Kapitalverhältnis im zinstragenden Kapital »seine reine Fetischform« erhält, daß hier »die Fetischgestalt des Kapitals und die Vorstellung vom Kapitalfetisch fertig« sind, daß »die Kapitalmystifikation in der grellsten Form« vorliege: »der sich selbst verwertende Wert, Geld heckendes Geld«. Wie ein Birnbaum Birnen trägt, wie ein Baum wächst, so scheint es die natürliche Eigenschaft des Geldes zu sein, Wert zu schaffen, Geld zu zeugen, Zins abzuwerfen. »Lieb' im Leibe« hat das Geld. Das ist der »automatische Fetisch«. Es scheint so, als sei das Kapital die »mysteriöse und selbstschöpferische Quelle des Zinses«, als komme einem Ding seine eigene Vermehrung von selbst zu. Die Produktionsverhältnisse sind verkehrt und versachlicht, das »gesellschaftliche Verhältnis ist vollendet als Verhältnis eines Dings, des Geldes, zu sich selbst«.[1] »Aber das Kapital ist kein Ding, sondern ein bestimmtes, gesellschaftliches, einer bestimmten historischen Gesellschaftsformation angehöriges Produktionsverhältnis, das sich an einem Ding darstellt und diesem Ding einen spezifischen gesellschaftlichen Charakter gibt.«[2]

Wie Marx schon an Ware und Geld, den einfachsten Kategorien, den mystifizierenden Charakter gefaßt hat, der die gesellschaftlichen Verhältnisse in Eigenschaften der Waren verwandelt und das Produktionsverhältnis in ein Ding, in Geld, so faßt er ihn auch an der »trinitarischen Form, die alle Geheimnisse des gesellschaftlichen Produktionsprozesses einbegreift«[3]: und zwar »Kapital-Profit, oder noch besser Kapital-Zins, Boden-Grundrente, Arbeit-Arbeitslohn«. In dieser »ökonomischen Trinität«, deren überschaubarsten Teil ich lediglich andeuten konnte, in dieser Dreieinigkeit, in der die »Bestandteile des Werts und des Reichtums überhaupt mit seinen Quellen« zusammenhängen, »ist die Mystifikation der kapitalistischen Produktionsweise, die Verdinglichung der gesellschaftlichen Verhältnisse, das unmittelbare Zusammenwachsen der stofflichen Produktionsverhältnisse mit ihrer geschichtlich-sozialen Bestimmtheit vollendet: die verzauberte, verkehrte und auf den Kopf gestellte Welt, wo Monsieur le Capital und Madame la Terre als soziale Charaktere und zugleich unmittelbar als bloße Dinge ihren Spuk treiben«.[4]

1 Karl Marx, Das Kapital. Kritik der politischen Ökonomie. Dritter Band (1894). MEW, Bd. 25, S. 405 f.
2 Ebd., S. 822
3 Ebd., S. 822
4 Ebd., S. 838

Fetischismus der Warenwelt

Nach diesem Gewaltmarsch durch den Auftakt der Kritik der politischen Ökonomie haben wir einen ersten Eindruck davon, was Marx unter dem Fetischcharakter der Ware, des Kapitals, des Profits, des Zinses, des Arbeitslohns usw., kurz unter dem Fetischismus der Warenwelt versteht: die bestimmte Verschleierung und Verkehrung bestimmter historisch entstandener gesellschaftlicher Verhältnisse. Das Resultat ist eine Verfassung lebendiger Prozesse und gesellschaftlicher Bewegungen, die Verdinglichung, Versachlichung, Entsubjektivierung genannt werden kann. Die gesellschaftlichen Beziehungen der Produzenten stellen sich als Beziehungen ihrer eigenen Produkte her, die sie nicht kontrollieren können, die Gewalt über sie haben. Gesellschaftliche Verhältnisse erscheinen in dinglicher Gestalt, dingliche in gesellschaftlicher. Die Machenden stehen unter der Macht ihrer eigenen Machwerke. Der gesellschaftliche Gesamtzusammenhang bleibt dem Alltagsbewußtsein verborgen; er setzt sich hinterrücks, blind und zwanghaft durch. Die Mechanismen, die dazu führen, existieren ebenso objektiv und damit unabhängig von den einzelnen Menschen wie sie subjektiv in Bewußtsein und Gefühl jedes einzelnen Menschen verankert sind. Sie laufen Tag für Tag wie ein Automatismus ab. Die Wirklichkeit erhält dadurch eine janusköpfige Qualität: einerseits verzaubert, verdreht, verrückt und bloßer Schein, andererseits irdisch, klipp und klar, gewöhnlich und nackte Realität. Diese Widersprüchlichkeit läßt jede Wahrheit oszillieren. Wer von »Sachzwängen« redet, täuscht über die »Tat-Sachen« hinweg; wer nur die Verdrehungen sieht, verkennt die realen Lebensverhältnisse der Menschen.

Um diesen Sachverhalt zu bezeichnen, scheint das Wort »Fetisch« mit Bedacht gewählt zu sein. Marx benützte es bereits, als er sich zum ersten Mal mit ökonomischen Fragen beschäftigte. Das war 1842. Er war damals Redakteur der »Rheinischen Zeitung« und glossierte in dieser *Debatten über das Holzdiebstahlsgesetz*, welche der Rheinische Landtag geführt hatte. Sein Schluß ist bereits auf der Fährte der noch nicht formulierten Analyse: »Die *Wilden von Kuba* hielten das Gold für den *Fetisch der Spanier*. Sie feierten ihm ein Fest und sangen um ihn und warfen es dann ins Meer. Die Wilden von Kuba, wenn sie der Sitzung der rheinischen Landstände beigewohnt, würden sie nicht das *Holz* für den *Fetisch* der *Rheinländer* gehalten haben? Aber eine folgende Sitzung hätte sie belehrt, daß man mit dem Fetischismus den Tierdienst verbindet, und die Wilden von Kuba hätten die *Hasen* ins Meer geworfen« (eine Anspielung auf einen anderen Gesetzentwurf, nach dem Bauern nicht mehr das Recht haben sollten, auf ihrem eigenen Grundstück Hasen zu jagen), »um die *Menschen* zu retten.«[1]

Das Wort »Fetisch« kommt aus dem Portugiesischen zu uns. *Feitiço* heißt in dieser Sprache so viel wie Zauber. Seine Abstammung vom Lateinischen – *facere, facticium* – gibt ihm eine Bedeutung, die zwischen Machwerk und Machtwerk oszilliert. In Afrika haben portugiesische Missionare die Worthülse Fetisch zum ersten Mal mit Inhalt gefüllt, bevor sie ihre schier rastlose Wanderung durch die Wissenschaften vom Menschen, von der Religionstheorie bis zur Warenanalyse, von der Ethnologie über die Sexualwissenschaft bis zur Psychoanalyse, antrat, bevor es zu bemerkenswerten Begegnungen rund um diese Chiffre kam.[2] Vom Standpunkt der Kolonisatoren bezeichnete »Fetisch« ein Ding, um das ein Kultus gemacht wird, weil es im Denken der »Wilden« mit besonderer Macht begabt ist. Die mittelamerikanischen Indianer dachten, als die Spanier über sie und ihr Land herfielen, Gold sei deren Fetisch. Ahnen konnten sie nicht, daß einst unter den Eindringlingen ein Fetischismus ausbrechen würde, der ihren gesamten Lebensprozeß erfaßt, um ihn zu verschleiern und zu verkehren.

In der Tat stößt Marx auf diese gesellschaftliche Tatsache nicht in irgendwelchen windigen oder magischen Ecken seines Gegenstandes oder bloß dann, wenn er in seinem Kopf Kapriolen schlägt. Verschleierung und

1 Karl Marx, Verhandlungen des 6. rheinischen Landtags. Dritter Artikel. Debatten über das Holzdiebstahlsgesetz (1842), MEW, Bd. 1, S. 147

2 Vgl. beispielsweise Objets du fétichisme. Nouvelle Revue de Psychanalyse, Nr. 2, Herbst 1970 (deutsche Ausgabe: Objekte des Fetischismus, herausgegeben von J.-B. Pontalis. Frankfurt a. M. 1972)

Verkehrung – das ergibt sich ihm, ausgehend von den Konkreta der Ware, die jedermann kennt, an allen zentralen Stellen seiner Untersuchung, bezeichnet also die innere, wesentliche, »tat-sächliche« Struktur der kapitalistischen Produktionsweise. Dann, an diesen Stellen verwendet er, wie wir schon wissen, wiederkehrende Wortmarken: Mystifikation, Magie, Schleier, Rätsel, Verzauberung, Gespenstigkeit, auf den Kopf gestellt, theologisch, metaphysisch, phantasmagorisch usw. Am Warenwert, an der Verwandlung von Geld in Kapital, am Ursprung des Mehrwerts und am Arbeitslohn will ich jetzt das bisher über den kapitalistischen Fetischismus Gesagte ergänzen und weiterzuführen suchen.

Gehört haben wir bereits: Die Warenform und damit das Wertverhältnis der Arbeitsprodukte verschleiert die wirkliche Substanz des Warenwerts, verkehrt dessen tatsächlichen Inhalt in sein Gegenteil. Obgleich der Wert einer Ware mit deren natürlicher Beschaffenheit, also beispielsweise ihren physikalischen, chemischen oder biologischen Eigenschaften, und deren natural-dinghaften Beziehungen zu anderen Dingen, die die Menschen gebrauchen, überhaupt nichts zu tun hat, scheint es doch so, als komme der Wert einer Ware dieser von Natur aus zu, als fließe er aus den Eigenheiten dieses bestimmten Dinges selber, als sei die Ware etwas Selbständiges, mit Leben begabt und eigenem Willen. Was den Wert der Ware ausmacht, die in sie hineingesteckte, in sie verausgabte gleiche menschliche Arbeitskraft, ist im alltäglichen Bewußtsein derer, die sie hergegeben haben, getilgt. Die gesellschaftlichen Verhältnisse der Menschen nehmen deshalb »die phantasmagorische Form eines

Verhältnisses von Dingen« an. »Dies«, sagt Marx, »nenne ich den Fetischismus, der den Arbeitsprodukten anklebt, sobald sie als Waren produziert werden, und der daher von der Warenproduktion unzertrennlich ist.«[1]

Das ist das Sonderbare: Obwohl wir alle von allerlei Waren eine gewisse Vorstellung haben, was sie »wert« sind, indem wir z.B. ihren ungefähren Preis kennen oder ahnen, können wir den Wert einer Ware doch nicht an dieser selber, an ihrer dinglichen Existenz und Beschaffenheit festmachen. Wir können ein Automobil, ein Nahrungsmittel oder ein Kleidungsstück drehen und wenden, wie wir wollen: was sie »wert« sind, geben sie nicht preis. Wodurch aber wird jedes Arbeitsprodukt, sobald es Warenform annimmt, in »eine gesellschaftliche Hieroglyphe«[2] verwandelt? Daß eine Ware Gebrauchswert hat, also ein nützliches Ding ist, macht sie bestimmt nicht geheimnisvoll. Wird aus Ton ein Krug gemacht, bleibt der Krug Ton, also ein einfach sinnlich Ding. Und ihrem Charakter als Arbeitsprodukt verdankt die Ware ihren »mystischen Charakter«[3] gewiß auch nicht. Daran, daß beim Herstellen des Kruges aus Ton menschliche Denk- und Muskelkraft verausgabt wird, und zwar in einem bestimmten Ausmaß, ist nichts Vertracktes. Woher entspringt dann aber das Geheimnisvolle der Warenform, worin besteht es, und auf welche Weise wird der Wert einer Ware überhaupt faßbar?

1 Karl Marx, Das Kapital. Kritik der politischen Ökonomie. Erster Band (1867). MEW, Bd. 23, S. 86 f.

2 Ebd., S. 88

3 Ebd., S. 85

Das Geheimnisvolle der Warenform entspringt nicht, wie wir sahen, aus dem Gebrauchswert der Ware oder aus dem Inhalt der Wertbestimmungen, sondern, wie Marx sagt: »Offenbar aus dieser Form selbst«.[1] Was heißt das? Zunächst: Gegenstände des menschlichen Gebrauchs nehmen dann eine Warenform an, wenn sie voneinander unabhängig, privat und arbeitsteilig produziert werden. Hat sich diese Art und Weise der Produktion historisch durchgesetzt, sind die Produzenten auf den Austausch ihrer Arbeitsprodukte angewiesen. Nur dieser Austausch kann ihnen alle Mittel zum Leben verschaffen, durch ihn treten sie in gesellschaftlichen Kontakt. Die Privatarbeiten der Produzenten aber haben jetzt einen doppelten Charakter: Einerseits müssen sie als konkrete nützliche Arbeiten konkrete Bedürfnisse befriedigen; andererseits können sie die unzähligen Bedürfnisse, die sie selber und die anderen Gesellschaftsmitglieder haben und entwickeln, nur dann befriedigen, wenn jede konkrete Privatarbeit mit jeder anderen konkreten Privatarbeit austauschbar ist. Das ist aber nur möglich, wenn von der Unterschiedlichkeit der einzelnen konkreten nützlichen Arbeiten abstrahiert wird, wenn sie auf ihren gemeinsamen Charakter reduziert werden, darauf, geronnene menschliche Arbeitskraft zu enthalten, »abstrakt menschliche« und das meint hier gleiche menschliche Arbeit. Dem doppelten Charakter der Arbeit, einerseits konkret-nützlich, andererseits abstrakt-gleich, entspricht die Janusköpfigkeit der Arbeitsprodukte. Innerhalb des Austauschs, in Warenform

1 Ebd., S. 86

sind sie zweierlei: Gebrauchsding und Wertding. Als letztere können sie nur fungieren, also ausgetauscht werden, wenn von der konkreten Nützlichkeit und bestimmten sinnlichen Beschaffenheit der Produkte abstrahiert wird. Durch dieses »Quidproquo«[1], durch diese Verwechslung werden die Arbeitsprodukte sinnlich-übersinnlich; ein gesellschaftlicher Zusammenhang, der Warenwert, erscheint in dinglicher Gestalt und so, als ob er den Waren aufgrund natürlicher Eigenschaften zukomme.

Betrachten wir noch einmal die allgemeine Äquivalentform und setzen wir mit Marx Leinwand als allgemeines Äquivalent ein, dann wird vielleicht evident, was gemeint ist: »Wenn ich sage, Rock, Stiefel usw. beziehen sich auf Leinwand als die allgemeine Verkörperung abstrakter menschlicher Arbeit, so springt die Verrücktheit dieses Ausdrucks ins Auge.«[2] Im Geld hat dieser ver-rückte Ausdruck historisch seine perfekte Form erhalten und sich ebenso einheitlich wie allgemein etabliert. Ersetzt man in gängigen Redensarten das Wort »Geld« durch »Leinwand«, ist die verschleiernde Verkehrung nicht mehr zu überbieten: Zeit ist Leinwand; Leinwand regiert die Welt; Leinwand allein macht nicht glücklich.[3] Oder doch? Denn zugleich ist es nicht nur etwas Verrücktes, was der Volksmund hier redet, ob wir ihn nun verfremden oder nicht. Er drückt auch Reales

1 Ebd., S. 86
2 Ebd., S. 90
3 Wolfgang Fritz Haug, Vorlesungen zur Einführung ins »Kapital«. Köln 1974. S. 169 f.

aus, und das auf dem Boden eines noch breiteren Wahnsinns als zu Marxens Zeiten, was sich vielleicht schon andeutet, wenn wir seine Leinwand durch Auto, Öl, Fernsehen oder Sex ersetzen.

Um jedoch bei Marxens Kritik der politischen Ökonomie zu bleiben: Warum er den Doppelcharakter der warenproduzierenden Arbeit als »Springpunkt« des Verständnisses der kapitalistischen Produktionsweise angesehen hat, liegt jetzt auf der Hand. Ohne ihn und damit abstrakt-menschliche Arbeit als Substanz des Warenwerts erkannt zu haben, müssen jeder Analyse, und wenn sie noch so blendend ist, so viele Mystifikationen anhaften wie sie im Fetischcharakter der Warenwelt von Marx gefaßt worden sind. Die klassische politische Ökonomie, die Marx mit William Petty (1623–1687) beginnen läßt und als deren beste Repräsentanten er Adam Smith (1723–1790) und David Ricardo (1722–1823) würdigt, hat zwar die menschliche Arbeit als Quelle und Substanz des Werts der Waren betrachtet, begriff aber nicht, daß sie das nur als abstrakt-gleiche Arbeit vermag. Folglich wurde Natur dort gesehen oder einfach unterstellt, wo sie nicht einmal in Spuren zu denken ist, beispielsweise im Tauschwert. Doch der Tauschwert ist »eine bestimmte gesellschaftliche Manier«, »die auf ein Ding verwandte Arbeit auszudrücken«, und kann daher »nicht mehr Naturstoff enthalten als etwa der Wechselkurs«. »Bisher«, machte Marx sich lustig, »hat noch kein Chemiker Tauschwert in Perle oder Diamant entdeckt.«[1]

1 Karl Marx, Das Kapital. Erster Band, a.a.O., S. 97 f.

Das führt uns noch einmal auf die Differenz von Wert und Tauschwert und endlich zur Beantwortung der bereits gestellten Frage, wie der Wert, den wir an der einzelnen Ware selber nicht fassen konnten, überhaupt erscheint, faßbar wird. Der Warenwert erscheint erst dann, wenn sich der Tauschwert erfüllt. Dieser ist die notwendige Ausdrucksweise oder Erscheinungsform des Werts, die eine Ware niemals isoliert besitzt, sondern immer nur im Austauschverhältnis zu einer anderen, von ihr verschiedenen Ware. Wird also davon gesprochen, die Ware sei Gebrauchswert und Tauschwert, so ist das, streng genommen, falsch, da eine Erscheinungsform nicht der Inhalt selber sein kann, und der Wert einer Ware ist folglich weder ihr Gebrauchswert noch ihr Tauschwert.[1] Das Quidproquo aber, für das wir uns interessieren, ist hier: Wert (und Mehrwert) wird im Produktionsprozeß geschaffen, doch es scheint, als entstehe er dort, wo er nur realisiert wird, im Austausch, bei der Warenzirkulation. Auf eine andere Weise, in anderer Form kann der Wert nicht in Erscheinung treten, und das ist gemeint, wenn gesagt wird, das Geheimnisvolle der Warenform, die zugleich Wertform ist, entspringe aus dieser Form selber. Eine gesellschaftliche, also nichtnaturale, nichtdingliche Realität, der Wert, tritt nur auf eine Art und Weise zutage, die ihre innere, tatsächliche, wesentliche Verfassung verhüllt und in ihr Gegenteil verkehrt: in Fähigkeiten und Eigenschaften, die den Warendingen als solchen innewohnen, ihnen von Natur aus gegeben sind. Was den Wert der Arbeits-

1 Vgl. besonders MEW, Bd. 19, S. 358, 369; MEW, Bd. 23, S. 75

produkte in Warenform wirklich ausmacht, verschwindet in dem Augenblick, in dem der Wert erscheint.

Ebenso verdreht imponiert das Kapital dem Alltagsbewußtsein als ein Etwas, das in sich selbst die Eigenschaft besitzt, Wert zu sein. Doch es geht noch mystischer und zugleich rationeller zu, sobald Geld, das allgemeine Äquivalent des Warenwerts, als Kapital funktioniert. Dem Geld sieht man zwar nicht mehr an, »welchen Schlags die in es verwandelte Ware« ist. »Geld mag daher Dreck sein«; jedenfalls streift die Ware in ihrer Wertgestalt »jede Spur ihres naturwüchsigen Gebrauchswerts und der besondren nützlichen Arbeit ab, welcher sie den Ursprung verdankt, um sich in die gleichförmige gesellschaftliche Materiatur unterschiedsloser menschlicher Arbeit zu verpuppen«.[1] In der einfachen Warenzirkulation bleibt Geld aber immerhin das, was es ist: Geld. Ein Bauer z.B. verkauft Korn, um mit dem erhaltenen Geld Kleider zu kaufen. Das ist klipp und irgendwie klar, Gebrauchswert wird angeeignet, ein Bedürfnis befriedigt. Das Geld fungierte bloß als Vermittler, der Vorgang ist abgeschlossen, sobald es ausgegeben ist.

Anders, wenn das Geld zum Kapital wird. Dann ist die Bewegung nicht mehr W-G-W, sondern G-W-G. Das »scheint auf den ersten Blick inhaltslos, weil tautologisch«, »eine ebenso zwecklose als abgeschmackte Operation«: am Ende dasselbe wie am Anfang: Geld. Auf den zweiten Blick jedoch zeigt sich etwas durchaus Handfestes: Die ursprünglich vorgeschossene Geldsum-

1 Karl Marx, Das Kapital. Erster Band, a.a.O., S. 123 f.

me ist größer geworden, weil eine Ware, sagen wir Baumwollhemden, für eine Million DM gekauft, für eineinhalb Millionen DM aber wieder verkauft worden ist. Die Bewegung muß demnach, korrigiert, lauten: G-W-G', wobei G' = G + ΔG, d.h. zu der vorgelegten Geldsumme kommt ein »Inkrement« hinzu. »Dieses Inkrement oder den Überschuß über den ursprünglichen Wert nenne ich - Mehrwert (surplus value).« Bei dieser Zirkulation, die die allgemeine des Kapitals ist, ist der Tauschwert selbst »treibendes Motiv und bestimmender Zweck«.[1] Der Gebrauchswert der Waren bleibt dem Geldvorschießer ganz und gar äußerlich. Die Bewegung ist endlos, macht sich selber zum Ziel, Anfang und Ende fallen zusammen. Der Wert der Waren stellt »sich hier plötzlich dar als eine prozessierende, sich selbst bewegende Substanz«, für welche beide, Ware und Geld, »bloße Formen« sind. Statt Warenverhältnisse darzustellen, tritt der Wert in ein Verhältnis zu sich selbst. »Er hat die okkulte Qualität erhalten, Wert zu setzen, weil er Wert ist. Er wirft lebendige Junge oder legt wenigstens goldne Eier.« Es geht zu wie bei einer Travestie der Travestie: die Verwertung des Werts als Selbstverwertung, seine Verwandlung in ein Subjekt, das automatisch agiert. Vom Standpunkt des automatischen Fetischs aus betrachtet, geht es jetzt rationell zu. Denn der Schatzbildner, der die rastlose Vermehrung des Werts anstrebt, indem er das Geld vor der Zirkulation zu retten sucht, ist »nur der verrückte Kapitalist.« Der »klü-

1 Ebd., S. 164 f.

gere Kapitalist« ist der, der das Geld »stets von neuem der Zirkulation preisgibt«.[1]

Erinnern wir uns daran, daß der Warenaustausch keinen Wert schafft, und setzen wir jetzt hinzu, daß Mehrwert nicht aus der Warenzirkulation entspringen kann, wenn alles mit rechten Dingen zugeht, dann stehen wir vor dem fundamentalen Rätsel, vor dem »Geheimnis der Plusmacherei«.[2] Man kann die Frage nach dem Ursprung des Mehrwerts drehen und wenden, wie man will, es gibt nur eine Antwort. Geld geht erst dann regulär in Kapital über, wenn es eine Ware regulär kaufen kann, deren Gebrauchswert es ist, mehr Wert zu schaffen als sie selber besitzt. Eine solche spezifische und exklusive Ware, deren Verbrauch Wert schöpft, indem Arbeit vergegenständlicht wird, existiert seit einigen Jahrhunderten auf dem Markt. Es ist das menschliche Arbeitsvermögen, die Arbeitskraft.

Wird die Arbeitskraft konsumiert, werden Ware und Mehrwert produziert. Diese Tatsache verhüllt der Arbeitslohn, an den die Vorstellung gebunden ist, für die verausgabte Arbeitskraft den vollen Preis erzielt zu haben. Die nicht bezahlte Arbeit, die den Mehrwert schafft, geistert als Profit herum, den das Kapital offensichtlich aus sich selber schöpft, und muß es auch, wenn sich die Verhältnisse erst einmal verknöchert haben, durch die die Ausgenommenen »entwertet« werden. Die Forderung der Arbeiterbewegung nach »gerechtem Lohn« hat über das wirkliche Kapitalist-Arbeiter-Ver-

1 Ebd., S. 168 f.
2 Ebd., S. 189

hältnis, das eines der Ausbeutung war und ist, von Anfang an einen Schleier gelegt, indem es den Tribut an den Fetischismus des Arbeitslohns zahlte, der seinen inneren Kern ausmacht.

Doch der Schleier war immer zu durchsichtig, um auf Dauer den getrübten Blick garantieren zu können. Allerlei Netze mußten flankierend geworfen werden, denen heute, natürlich fetischisierend, das Epitheton »sozial« angeheftet ist. Wir haben jetzt statt Ausbeutung Sozialpartnerschaft und leben in einem Sozialstaat. Es gibt Sozialgesetze und eine eigene Sozialgerichtsbarkeit, Sozialleistungen und Sozialhilfe und daher Sozialminister, Sozialämter, Sozialdienste und Sozialberufe wie Sozialarbeiter und Sozialpädagoge. Die Sozialverwaltung läßt Sozialdaten anfallen. Die Sozialversicherten und Sozialberatenen dürfen stolz sein auf die soziale Sicherheit und die Wohlfahrt im Lande. Hoffen dürfen sie auf einen Sozialplan, wenn das Kapital seiner Wege geht und sie daher nach 30 Jahren aus ihrem Betrieb herausgeschmissen werden, der tatsächlich ihrer ist und doch wieder nicht. Das Quidproquo der sozialen Hilfe ist: Die Sozialempfänger sind die Sozialspender. Wirksam geholfen wird offenbar denen, die angeblich die Hilfe gewähren, denn sie erfreuen sich größter Lebendigkeit. Die jedoch, die sozial versichert und verwaltet sind, bedürfen ganz offensichtlich weiterer Stützen. Das Netz, welches im Augenblick geknüpft wird, nennt sich »psycho« und »psychosozial«. Davon ist aber bereits an anderer Stelle die Rede gewesen.[1]

1 Volkmar Sigusch, Vom Trieb und von der Liebe. Frankfurt a. M. und New York 1984, S. 157 bis 173

Müssen so viele Netze geworfen werden, um die Menschen bei der Stange zu halten, müssen so viele Hilfsideologien produziert werden, hat die Sache einen großen Haken, kann es mit Freiheit, Gleichheit, Eigentum und Bentham nicht so rosig bestellt sein, wie es Marx ernsthaft-ridikülisierend für die Zirkulationssphäre beschrieben hat. Schauen wir jetzt von der Produktionssphäre her und lassen den ganzen Spuk beiseite! Ja, der Arbeiter ist frei, und zwar in einem doppelten Sinn: frei, seine Arbeitskraft auf dem Markt anzubieten, und frei von allen Sachen, die ihn sein Arbeitsvermögen selber verwirklichen ließen. Diese freie Unfreiheit ist die einzigartige historische Voraussetzung für die Entfaltung der kapitalistischen Produktion: in der Person so frei, daß man kein Sklave oder Leibeigener ist, aber um Fetischs willen nicht so frei, daß man über die Mittel zur Produktion verfügt. Los und ledig ja, aber um der Wertschöpfung willen gezwungen, seine Haut zu Markte zu tragen, damit sie einem gegerbt werde. Doch selbst davon werden viele Menschen mittlerweile befreit, nicht nur zu Zeiten der Krise, sondern generell.

Verdinglichtes Bewußtsein

Der Kategorie des Warenfetischismus entspricht die des verschleierten, verkehrten, verdinglichten Bewußtseins. Folglich drängt sich die Frage auf, ob und wie es uns überhaupt möglich ist, den Bewußtseinsschleier zu durchdringen, Adäquates über unser Leben auszusagen, die Welt zu erkennen. Spuk, fauler Zauber, falscher Schein und Nebelschwaden: Was anders als Gespenster wie aus einem englischen Kriminalroman sind wir in solch irren Verhältnissen? Was anders als Wachsfiguren, die ihre einstige Gesellschaftlichkeit an Verhältnisse von Sachen abgetreten haben, was anders als Kugeln in einem Roulette sind wir angesichts der automatischen Verdinglichung und der sie offenbar unaufhaltsam ablösenden Verstofflichung?

Obgleich die Frage meine Kompetenz bei weitem übersteigt, will ich ihr nicht ausweichen. Das können wir als Sexualwissenschaftler auch gar nicht, weil wir sonst unseren Forschungsgegenstand als eine Wesenheit behandelten, die trotz vielzüngig besungener Umwelt- und Individualeinflüsse immer wieder geschichtslos ihrer selbst bewußt wird, die der gesunde Menschenverstand und hierzulande obendrauf das gesunde Volksempfinden, wenngleich dumpf grollend und süßlich zirpend, in ihren Kerngehalten ausdrückt, über deren Natur uns sozial-empirische, psycho-analytische oder biochemische Studien unmittelbar ins Bild zu setzen vermögen. Tatsächlich aber sind das tabuierte Exponieren des Sexuellen und in seiner Folge das umfassend isolierte Beforschen den allgemeinen Fetischisierungen der Warengesellschaft äquivok. Das, was wir uns heute unter »Sexualität« vorstellen, operiert auf einem Boden der Mystifikation, und die kurzgeschorene Wortmarke „Sex", die uns der US-Imperialismus nach dem Zusammenbruch an die Hand gab, ließ den Sensiblen schon vor Jahrzehnten erahnen, worum es geht: die Objektivation von Subjektivem. Kurzum, worauf ich hinauswollte: Das, was die Sexologie in West und Ost (und wo denn sonst?) Sexualmoral oder Sexualideologie nennt und mit dem Dreisprung Einstellung – Verhalten – Erleben empirisch zu ergründen sucht, bleibt ohne eine Vorstellung vom Alltagsbewußtsein schwerelos, blind und blindwütig, kann ohne die Kategorie des verdinglichten Bewußtseins begrifflich nicht gefaßt werden.

Dieser wende ich mich zunächst zu, indem ich auf einige Vereinfachungen und Dogmatisierungen eingehe, denen sie selber ausgesetzt war und ist, die also die Vorstellung vom verdinglichten Bewußtsein verdinglichen, ihr den Status eines Fetischs verleihen.

Für den orthodoxen oder Gemeinplatz-Marxisten ist die Sache bekanntlich ganz einfach: Nicht das Bewußtsein der Menschen bestimmt ihr Leben, sondern das Leben bestimmt ihr Bewußtsein.

Und in der Tat können sich alle mechanischen Deterministen und Apologeten strukturaler Kausalität von Bernstein über die sowjetischen Histomat-Fibelschreiber bis zu einigen modernen Franzosen nicht nur auf längst untergegangene materialistische Lehren berufen. In der *Deutschen Ideologie*, einem Frühwerk, lassen sich Marx und Engels wörtlich so ein und fügen auch noch hinzu: »Die Moral, Religion, Metaphysik und sonstige Ideologie und die ihnen entsprechenden Bewußtseinsformen behalten hiermit nicht länger den Schein der Selbständigkeit. Sie haben keine Geschichte, sie haben keine Entwicklung.«[1] Wäre es so, fielen Bewußtsein und Sein völlig auseinander, wären die Menschen nichts als Marionetten, Schausteller ihrer eigenen Geschichte, allenfalls mit einem Bewußtsein versehen, das dem des geworfenen Steines von den Gesetzen des Physikers gliche, wenn der Stein eines hätte. Wäre es so, hätten Marx und Engels nicht nur nicht über die vorausgegangenen Materialisten hinausgedacht – für Holbach war das Hirn ein zur Aufnahme aller Eindrücke geeigneter Wachs –, sondern die großen Gedanken der idealistischen Philosophen ihrer Zeit so geschurigelt wie der heutige Flipper-Spieler die Idee der Mitmenschlichkeit. Der Lapsus ist so gravierend, daß ihn Engels später zu korrigieren suchte. In einem Brief an Conrad Schmidt betonte er 1890 die »relative Selbständigkeit«[2] des Überbaus, und in einem Brief an Joseph Bloch erläuterte er im selben

1 Karl Marx und Friedrich Engels, Die deutsche Ideologie (1845/46) MEW, Bd. 3, S. 26 f.

2 Friedrich Engels, Brief vom 27. Oktober 1890 an Conrad Schmidt. MEW, Bd. 37, S. 490

Jahr: »Daß von den Jüngeren zuweilen mehr Gewicht auf die ökonomische Seite gelegt wird, als ihr zukommt, haben Marx und ich teilweise selbst verschulden müssen. Wir hatten den Gegnern gegenüber das von diesen geleugnete Hauptprinzip zu betonen, und da war nicht immer Zeit, Ort und Gelegenheit, die übrigen an der Wechselwirkung beteiligten Momente zu ihrem Recht kommen zu lassen. Aber sowie es zur Darstellung eines historischen Abschnitts, also zur praktischen Anwendung kam, änderte sich die Sache, und da war kein Irrtum möglich.«[1]

Tatsächlich entfaltet Marx im *Kapital* eine Dialektik von Notwendigkeit und Initiative, die mit mehr als der berühmten Passage belegt werden könnte, in der es heißt, die Menschengeschichte unterscheide sich dadurch von der Naturgeschichte, »daß wir die eine gemacht und die andre nicht gemacht haben«.[2] Gedacht werden muß von beiden Polen aus: von der historischen Notwendigkeit her ebenso wie von der historischen Initiative, von der ökonomischen Bestimmtheit her ebenso wie von der politischen Aktion. Das Sein der Menschen bestimmt ihr Bewußtsein, weil es nicht jenseits von Geschichte und praktischem Leben gebildet wird. Das Bewußtsein spiegelt das Sein aber nicht einfach passiv wider, sondern ist ein aktives Moment der Totalität des Seins. Beide Pole der Theorie müssen zusammengedacht werden, weil sonst das Denken der Menschen nur Wider-

1 Friedrich Engels, Brief vom 21./22. September 1890 an Joseph Bloch. MEW, Bd. 37, S. 465

2 Karl Marx, Das Kapital. Kritik der politischen Ökonomie. Erster Band (1867). MEW, Bd. 23, S. 393

spiegelung wäre und nicht Movens und Entwurf. Daran, daß die Menschen ihre eigene Geschichte machen, ist festzuhalten, auch wenn sie sie, wie Marx im *Achtzehnten Brumaire des Louis Bonaparte* sagt, »nicht aus freien Stücken unter selbstgewählten, sondern unter unmittelbar vorhandenen, gegebenen und überlieferten Umständen«[1] machen, auch wenn, müssen wir heute hinzufügen, Aktivitäten von Pseudo-Aktivitäten erstickt sind, über dem spontanen Bewußtsein ein Generalschleier der Pseudo-Evidenz liegt und die gesellschaftlichen Beziehungen nicht nur verfettet und verkalkt sind, sondern auch mit Farbstoff konserviert und Schokoladensoße übergossen.

Erläuterungen und Bekundungen der vorgebrachten Art sind jedoch wenig befriedigend. Es genügt keineswegs, dagegen zu argumentieren, das Verhältnis von Sein und Bewußtsein sei eine Einbahnstraße, die einzig vom revolutionären Proletariat, wie wir beim frühen Lukács hörten, in umgekehrter Richtung befahren werden könne. Es genügt keineswegs, wie es Engels bei seinen Zurechtrückungsversuchen tut, neben der Ökonomie, neben der »Produktion und Reproduktion des wirklichen Lebens« als der Basis, als dem »in letzter Instanz bestimmende(n) Moment in der Geschichte« verschiedene »Momente des Überbaus« anzuerkennen und dann zu sagen: Diese verschiedenen Momente »üben auch ihre Einwirkung auf den Verlauf der geschichtlichen Kämpfe aus und bestimmen in vielen Fällen vor-

1 Karl Marx, Der achtzehnte Brumaire des Louis Bonaparte (1852). MEW, Bd. 8, S. 115

wiegend ihre Form«.[1] Solche Bekundungen sind geprägt von den Antinomien des bürgerlichen Denkens; sie ignorieren die Essenz der Marxschen Warenanalyse. Sein und Bewußtsein, Basis und Überbau, Gesellschaft und Individuum werden als Separierte ins Feld geführt. Sie beeinflussen einander zwar, sind aber nicht vermittelt. Das öffnet allerlei theoretischen Fetischisierungen Tür und Tor, in erster Linie dem Ökonomismus, in zweiter dem Soziologismus, in dritter dem Psychologismus usf., auf besondere Weise sogar einem Biologismus in materialistischem Gewand. Während die einen die Produktion fetischisieren und daher weder Soziologie noch Psychologie benötigen, wird für die anderen das falsche Bewußtsein allein von etablierten Verblendungs- und Verblödungsinstanzen, wie Familie, Schule und Medien, gebildet. Dritte schließlich - aber das ist nur eine von vielen Varianten - pfropfen der Kritik der politischen Ökonomie eine psychologische Theorie auf, weil in dieser der »subjektive Faktor« gar nicht enthalten sei.

Dabei sind die Marxschen Kategorien Warenfetischismus und verdinglichtes Bewußtsein, die, wie ich zeigte, in der Kritik der politischen Ökonomie zentral stehen, weder rein ökonomisch gefaßt noch zum Psychologischen hin neutral, weder allein solche der »Basis« noch allein solche des »Überbaus«. In ihnen sind wesentliche »Tat-Sachen« des allgemeinen Lebens und des allgemeinen Alltagsbewußtseins vermittelt. Der

1 Friedrich Engels, Brief vom 21./22. September 1890 an Joseph Bloch, a.a.O., S. 463

Fetischismus ist nicht ohne ein mehr oder weniger beständig verdrehtes Spontanbewußtsein und die Verdinglichung des Spontanbewußtseins nicht ohne die durchgesetzte Warengesellschaft zu denken. Dabei meint Vermittlung nicht irgendein mehr oder weniger enges Verhältnis, eine »Interaktion« oder »Kommunikation« zwischen Gesellschaft und Bewußtsein; Vermittlung ist in der Sache selbst. Warenfetischismus meint keinen besonderen Inhalt oder gar eine Grille des Bewußtseins, sondern die Bildung des Alltagsbewußtseins selbst, und zwar eines notwendig falschen. Verdinglichung des Bewußtseins meint keinen speziellen psychischen Mechanismus oder Zustand, sondern den gesellschaftlichen Lebensprozeß selbst. Insofern sind diese Kategorien metaökonomische und metapsychologische (letzteres natürlich nicht im psychoanalytischen Verstand), gleichwohl und gerade deshalb aber für eine ökonomische Theorie ebenso fundamental wie für eine materialistische Theorie des Subjekts einschließlich einer Sexualtheorie. Sie begründen, warum »der subjektive Faktor« nicht erst an irgendeiner besonderen Stelle ins Spiel kommt, warum »die sexuelle Frage« weder bei den Genitalien noch beim Ödipuskomplex, weder bei sozialen Institutionen noch bei Beischlaffrequenzen oder Moralkodices ihren generellen Ausgang nehmen kann. Die psychischen und sexuellen »Probleme« beginnen nicht erst dort, wo sie von den sich zuständig fühlenden Wissenschaften im allgemeinen vermutet, lokalisiert und bearbeitet werden.

Wie gesagt worden ist, das berühmte Kapitel der Hegelschen *Logik* über Sein, Nichtsein und Werden enthalte dessen ganze Philosophie, so kann vielleicht mit ebensoviel Treffsicherheit gesagt werden, das berühmte Kapitel der Marxschen *Kritik der politischen Ökonomie* über den Fetischcharakter der Ware enthalte dessen ganzen Materialismus, also auch seine ganze Psychologie. Die Kategorien Warenfetischismus und verdinglichtes Bewußtsein sind in dem eminenten Sinn dialektisch, als in ihnen Sein und Bewußtsein ineinanderliegen. Die Mystifikationen, die sie fassen, können nicht mit Ideologien, Religionen oder anderen kollektiven Transpositionen des Bewußtseins gleichgesetzt werden. Fetischcharakter der Ware, Geldschleier, Kapital-Mystifikation usw. - das meint eine basale und generelle Verblendung. Diese wird nicht irgendwie von außen oder von weit her in die Gesellschaft und die Menschen hineingebracht; sie ist ihr Wesen. Wie die Freudsche Seelenanalyse hinter dem individuell Bewußten das Unbewußte zu fassen vermochte, legte die Marxsche Warenanalyse hinter den gang und gäben Denkformen, die sich unmittelbar, spontan reproduzieren, beispielsweise als Vorstellungen von Natürlichkeit, Freiheit und Recht im Wirtschafts- wie im Liebesleben, einen gesellschaftlichen Zusammenhang frei, der im Alltagsleben verborgen bleibt oder eben in der Form der gang und gäben Bewußtseinsformen verkehrtherum erscheint. Ideengeschichtlich haben beide, Freud und Marx, der von der klassischen deutschen Philosophie auf die Spitze getriebenen Annahme den Garaus gemacht, es gehe vernünftig zu im bürgerlichen Leben.

Soll das mit Marx erkannt werden, muß vom Fetischismus der Warenwelt aus gedacht werden. Üblicherweise wird jedoch davon ausgegangen, Marx habe »seine psychischen Ansichten niemals in systematischer Form dargestellt«, er habe sie »vielmehr über sein ganzes Werk verteilt«, so daß sie »erst zusammengestellt werden müssen, damit ihre systematische Bedeutung erkennbar wird«[1], wie Erich Fromm meinte. Bei solcher Pirsch stößt man dann auf allerlei Psychologisches und Psychologierelevantes, namentlich auf die stereotyp zitierte Passage aus den *Ökonomisch-philosophischen Manuskripten*, in der es heißt, die »Geschichte der Industrie und das gewordne gegenständliche Dasein der Industrie« sei das »aufgeschlagne Buch der menschlichen Wesenskräfte, die sinnlich vorliegende menschliche Psychologie«.[2] Solcherart fündig geworden, wird dann aber oft der Wald vor lauter Bäumen nicht mehr gesehen. Beim »Systematisieren« der zahlreichen relevanten »Stellen«, beim Extrahieren einer psychologischen »Theorie« bleibt regelmäßig die zentrale »psychologierelevante« Einsicht Marxens auf der Strecke, die sich bereits in den *Pariser Manuskripten* von 1844 ankündigt, wenn er sagt: Die »vergegenständlichten Wesenskräfte des Menschen« haben wir in der Industrie vor uns – *»unter der Form sinnlicher, fremder, nützlicher Gegenstände, unter der Form der Entfremdung«.*[3]

1 Erich Fromm, Marx' Beitrag zur Wissenschaft vom Menschen. In: Ders., Analytische Sozialpsychologie und Gesellschaftslehre. Frankfurt a. M. 1971, S. 145

2 Karl Marx, Ökonomisch-philosophische Manuskripte aus dem Jahre 1844. Ergänzungsband, Erster Teil, S. 542 (Hervorhebungen von Marx nicht berücksichtigt)

3 Ebd., S. 542 (Hervorhebung von mir)

Nicht in den Schriften, in denen sich Marx direkt zu Problemen der Ideologie und Psychologie, zu Liebe und Ehe äußert, werden die Kategorien entwickelt, mit deren Hilfe Grundsätzliches über psychologische und sexualwissenschaftliche Fragen ausgesagt werden kann. Ein ökonomistisches Mißverständnis ist es, Marx gehe es in seinen ökonomischen Schriften gar nicht um Individuum und Subjekt. Träfe das zu, hätte er nicht aufspüren können, inwiefern und inwieweit die Menschen unter kapitalistischen Lebensverhältnissen nicht zu sich selber kommen können. Das hat ihn theoretisch wie praktisch beschäftigt, und mit dieser Gewichtung steht die sogenannte Psychologiefrage in seinen vermeintlich »nur« ökonomischen Schriften zentral. Wie gewisse Sozialpsychologen die Psychologiefrage an Marxens wesentlicher Einsicht vorbeischiffen, indem sie am sogenannten Überbau ansetzen, so sehen gewisse Ökonomen vor lauter Ware und Geld und Kapital kein Bewußtsein und keine Menschen mehr, womit jeder auf seine Weise der allgemeinen Verdrehung erlegen ist.

Eher beiläufig nennt Marx im Kapitel »Der Fetischcharakter der Ware und sein Geheimnis« solche Formen wie die Waren-, Tausch-, Geld-, Kapital- oder Lohnform »gesellschaftlich gültige, also objektive Gedankenformen für die Produktionsverhältnisse dieser historisch bestimmten gesellschaftlichen Produktionsweise, der Warenproduktion«.[1] Gesellschaftlich gültige Gedankenformen – das meint, sie sind ebenso Formen des gesellschaftlichen Seins wie des spontanen Bewußt-

1 Karl Marx, Das Kapital. Erster Band, a.a.O., S. 90

seins wie des bewußten Handelns. Wie unabtrennbar das eine Moment vom anderen ist, wie innig Sein und Bewußtsein ineinanderliegen, kann jeder an sich selber beobachten, wenn er seine Brötchen kauft, wenn er für seine Arbeit bezahlt wird, wenn sein Geld auf der Bank Zinsen trägt oder wenn er sich in anderen als Tauschbegriffen über Nichtwarenverhältnisse äußern will. Objektive Gedankenformen – diese paradoxe Bezeichnung meint, Formen wie die Tauschform sind nicht primär Denkformen, sondern gesellschaftliche Praxis-, Verkehrs- und Verhaltensformen, die den ökonomischen Formen entspringen und sich beständig im Bewußtsein reproduzieren. Gang und gäbe Denkformen nennt Marx sie auch, oder Naturformen des gesellschaftlichen Lebens. Paradox muß die Bezeichnung sein, weil nur eine Verfremdung die alltägliche Gewalt der Selbstverständlichkeiten, Gewohnheiten und Gegebenheiten sichtbar machen kann, weil die Gegebenheiten selber paradox sind. Wenn man ausdrücken will, daß diese Formen zugleich das praktische Sein und das spontane Bewußtsein davon bestimmen, könnte man vielleicht mit Haug sagen: »In Verhältnissen privat-arbeitsteiliger Produktion praktizieren die Menschen den sozialen Stoffwechsel in einer Form, die ihren Produkten Wertform gibt und sie sich in den Bahnen dieser Wertform bewegen läßt. In dem Ausdruck ›in Verhältnissen privatarbeitsteiliger Produktion praktizieren die Menschen in einer bestimmten Form ...‹, hat man die Seiten von Objektivität und Subjektivität in einer Identität zusammen.«[1]

1 Wolfgang Fritz Haug, Vorlesungen zur Einführung ins »Kapital«. Köln 1974, S. 171 f.

Wieder ist ein Punkt erreicht, an dem einleuchten dürfte, daß »der objektive Faktor« ohne Subjektives und »der subjektive Faktor« ohne Objektives nicht zu denken ist. Wir wollen uns aber weiter an die Frage herantasten, ob und wie »die festen Gedanken in Flüssigkeit zu bringen«[1] sind, was nun eigentlich bei all dem Spuk und Zauber, den die objektiven Gedankenformen des Warenfetischismus zu bannen suchen, verdreht und verrückt ist. Zunächst müssen dazu wieder feste Vorstellungen in »der Form ihres Bekanntseins« aufgehoben werden, weil das Bekannte, »weil es *bekannt* ist, nicht *erkannt*« ist, weil das Bekannte ein solches ist, »mit dem der daseiende Geist fertig geworden, worin daher seine Tätigkeit und somit sein Interesse nicht mehr ist«. Negatives wird im Positiven und Positives im Negativen festzuhalten sein; bei Hegel heißt es: »Die kraftlose Schönheit haßt den Verstand, weil er ihr dies zumutet, was sie nicht vermag.«[2] Kraftlose Schönheit - das meint hier, daß sich die Menschen mit den objektiven Gedankenformen trotz all der Verdrehungen zu Hause fühlen.

Doch so verrückt ist das gar nicht. Da die Menschen in der entwickelten Warengesellschaft erst durch den Austausch ihrer Arbeitsprodukte in gesellschaftlichen Kontakt treten, erscheinen auch erst innerhalb dieses Austausches die spezifisch gesellschaftlichen Charaktere ihrer planlos-arbeitsteilig betriebenen Privatarbeiten. »Das Geheimnisvolle der Warenform«, einer objektiven Gedankenform, »besteht also einfach darin, daß sie den

1 Georg Wilhelm Friedrich Hegel, Phänomenologie des Geistes (1807). Werke, Bd. 3, Frankfurt a. M., 1970, S. 37

2 Ebd., S. 35 f.

Menschen die gesellschaftlichen Charaktere ihrer eignen Arbeit als gegenständliche Charaktere der Arbeitsprodukte selbst, als gesellschaftliche Natureigenschaften dieser Dinge zurückspiegelt, daher auch das gesellschaftliche Verhältnis der Produzenten zur Gesamtarbeit als ein außer ihnen existierendes gesellschaftliches Verhältnis von Gegenständen.«[1] Doch Waren-, Wert-, Geldform usw. sind Praxisformen, mit ihrer Hilfe finden sich die Menschen in der Realität zurecht, sie haben also eine eminent pragmatische Bedeutung. Und so kann Marx sagen: Den Produzenten erscheinen die gesellschaftlichen Beziehungen ihrer Privatarbeiten »als das, was sie sind, d.h. nicht als unmittelbar gesellschaftliche Verhältnisse der Personen in ihren Arbeiten selbst, sondern vielmehr als sachliche Verhältnisse der Personen und gesellschaftliche Verhältnisse der Sachen«.[2]

Aber was ist nun eigentlich verschleiert und verkehrt, wenn den Menschen die Verhältnisse »als das, was sie sind« erscheinen? Verschleiert ist der gesellschaftliche Zusammenhang, allein weil kein Gesamtwille und kein Gesamtplan zu erkennen ist, nach denen der gesellschaftliche Lebensprozeß bewußt und überschaubar gestaltet würde. Doch die Atomisierung des Lebens in isolierte Tauschakte ist ein bloßer Schein, weil alles unter vorausgegebenen, unaufhebbaren und zumindest der Tendenz nach allseits wirksamen Prinzipien zusammengeschlossen ist und sich bewegt. Dieser Schein ist aber als Schein notwendig. Im Leben wie im Kopf, prak-

1 Karl Marx, Das Kapital. Erster Band, a.a.O., S. 86
2 Ebd., S. 87

tisch wie gedanklich, können sich die Menschen nur in der Form der isolierten Tauschakte, nur in der Form der objektiven Gedanken mit den Verhältnissen auseinandersetzen, sich in ihnen einrichten und in ihnen ihren Bewußtseins-, ja sogar Seelenfrieden finden. »Sie wissen das nicht, aber sie tun es.« Beispielsweise wenn sie ihre Arbeitsprodukte nicht aufeinander als Werte beziehen, »weil diese Sachen ihnen als bloß sachliche Hüllen gleichartig menschlicher Arbeit gelten. Umgekehrt. Indem sie ihre verschiedenartigen Produkte einander im Austausch als Werte gleichsetzen, setzen sie ihre verschiednen Arbeiten einander als menschliche Arbeit gleich«.[1]

Verkehrt sind demnach die gesellschaftlichen Verhältnisse, nicht das spontane Bewußtsein davon. Die objektiven Gedankenformen drücken ja soziale Gegebenheiten aus, sind praktisch richtig und von lebenserhaltendem Nutzen. Mit ihnen täuschen sich die Menschen nicht über die Realität, sondern die Realität täuscht sie, weil sie unmittelbar nicht anders als in diesen Formen im Bewußtsein erscheint. Die Grundlagen der objektiven Gedankenformen existieren außerhalb des Bewußtseins und sind nicht in einer a priori-Entfremdung des Menschen selbst zu suchen. Sie sind also mehr als bloße Gedankenformen. Das aber heißt, die objektiven Gedanken sind notwendig falsch, auch wenn sie als falsche die realen Verhältnisse praktisch richtig wiedergeben. Sie sind notwendig falsch, irrational, aber nicht irreal, weil das, was real ist, falsch und irrational ist. Tat-säch-

1 Ebd., S. 88

lich verrückt ist: daß die gesellschaftliche Bewegung der Menschen für sie die Form einer Bewegung von Sachen besitzt, daß die Menschen unter der Kontrolle ihrer eigenen Machwerke stehen, daß bloße Dinge ihr soziales Leben regulieren, daß gewirtschaftet wird wie wenn man ein Haus ohne vorausgehende statische Berechnung baute, daß sich der gesellschaftliche Zusammenhang nachträglich, bewußtlos und hinter dem Rücken derer herstellt, ohne deren Tätigkeit er gar nicht existierte. Notwendig falsch, verkehrt und irrational, aber zugleich alltäglich real sind die Vorstellungen der Menschen von diesen Verhältnissen, denn »es sind eben die Gestaltungen des Scheins, in welchem sie sich bewegen und womit sie täglich zu tun haben«.[1]

Diese Theorie vom »gegenständlichen Schein der gesellschaftlichen Charaktere der Arbeit«[2] hat Philosophen wie Lukács, Adorno, Bloch und Benjamin beeindruckt. Als erster hat Georg Lukács die generelle Fruchtbarkeit der von Marx warenanalytisch entwickelten Kategorien begriffen. Er betrachtete die Ware »als Universalkategorie des gesamten gesellschaftlichen Seins«, sah »kein Problem dieser Entwicklungsstufe der Menschheit, ... dessen Lösung nicht in der Lösung des Rätsels der Waren*struktur* gesucht werden müßte« und stellte sich die Aufgabe, »in der Struktur des Warenverhältnisses das Urbild aller Gegenständlichkeitsformen und aller ihnen entsprechenden Formen der Subjektivi-

1 Karl Marx, Das Kapital. Kritik der politischen Ökonomie. Dritter Band (1894). MEW, Bd. 25, S. 838
2 Karl Marx, Das Kapital. Erster Band, a.a.O., S. 80

tät in der bürgerlichen Gesellschaft«[1] aufzufinden. Theodor W. Adorno, von Lukács beeinflußt, dachte über die Niederschläge der generellen Verdinglichung im ästhetischen Bereich der Musik nach. Er interpretierte den Marxschen Fetischcharakter der Ware als »die Veneration[2] des Selbstgemachten, das als Tauschwert Produzenten und Konsumenten ... sich gleichermaßen entfremdet«.[3] Am 2. August 1935 schrieb er an Walter Benjamin: »Der Fetischcharakter der Ware ist keine Tatsache des Bewußtseins, sondern dialektisch in dem eminenten Sinne, daß er Bewußtsein produziert.«[4] Marxens Theorie des gegenständlichen Scheins wird hier verstanden als eine dialektische Theorie der Verdinglichung des Lebens, die auf der Unzertrennlichkeit von praktischem Sein und spontanem Bewußtsein insistiert. Die Alltagsvorstellungen der Menschen sind als objektive verdreht und doch wieder nicht. Die Macht der Machwerke über die Machenden, also der Warenfetischismus, ist beides: bloßer Schein und als notwendiger blanke Realität. Denn der Schein verschleiert nicht nur das Wesen, er geht aus diesem selber hervor.

1 Georg Lukács, Geschichte und Klassenbewußtsein. Studien über marxistische Dialektik (1923). Amsterdam 1967, S. 97, 94

2 Das lateinische *veneratio* heißt Verehrung, Hochachtung; Ehrwürdigkeit, Würde. Es wird abgeleitet von *veneror* = verehren, anbeten; huldigen; anflehen, inständig bitten. Möglicherweise bedeutet es ursprünglich »die Venus verehren«.

3 Theodor W. Adorno, Über den Fetischcharakter in der Musik und die Regression des Hörens. Zeitschrift für Sozialforschung 7, 321-356, 1938; hier S. 330

4 Walter Benjamin, Briefe. Bd. 2, herausgegeben von Gershom Scholem und Theodor W. Adorno. Frankfurt a. M. 1966, S. 672

Die basale Verblendung, von der hier die Rede ist, kann mit psychologischen Kategorien nicht gefaßt werden. Auch wäre sie von Ideologien und Religionen (und magischem Denken, dem der »Wilden«) zu differenzieren. Ideologien, die von sozialen Agenturen in die Menschen hineingebracht werden und auf ihre Weise die Realitäten verdrehen, haben einen besonderen Inhalt (z.B. Fruchtbarkeit), sind durch die psychische Durchformulierung und Verankerung in sich offenbar widerspruchsfrei, weil eindimensional, können die strukturale Fetischisierung zum Ausdruck bringen und abstützen, müssen es aber nicht und tun es nicht, wenn sie dem historischen allgemeinen Zug um Etappen nachhinken oder sogar zu widersprechen suchen. Sich im Lebenskampf auf sie verlassen und am erklärten Ort ihres Entstehens ansetzen, führt im allgemeinen in die Irre. Man denke nur an die Reichsche Parole, nach der die richtige sexuelle Befriedigung die Revolutionierung des Allgemeinen zur Folge habe. Oder umgekehrt. Ähnlich mit den Religionen, die als große von weit her kommen und der strukturalen Verdinglichung mehr oder weniger entsprechen können. Einige Kapitalinterpreten, beispielsweise Maurice Godelier[1], haben Marxens Rede von der »Religion des Alltagslebens«[2] dort, wo es um den Fetischcharakter der Ware geht, begeistert aufgenommen. Dabei kann es allenfalls um eine Analogie gehen, und

1 Maurice Godelier, Warenwirtschaft, Fetischismus, Magie und Wissenschaft im Marxschen Kapital. In: Objekte des Fetischismus, herausgegeben von J.-P. Pontalis. Frankfurt a. M. 1972, S. 293 bis 314

2 Karl Marx, Das Kapital. Dritter Band, a.a.O., S. 838

die sucht Marx auch: »Um ... eine Analogie zu finden«, sagt er, »müssen wir in die Nebelregion der religiösen Welt flüchten. Hier scheinen die Produkte des menschlichen Kopfes mit eignem Leben begabte, untereinander und mit den Menschen in Verhältnis stehende selbständige Gestalten. So in der Warenwelt die Produkte der menschlichen Hand.«[1]

Der Warenfetischismus und die Verdinglichung des Bewußtseins, hier als basale Verblendung zusammengefaßt, sind insofern gegenüber allen vorausgegangenen Vergegenständlichungen und Verschleierungen historisch einzigartig, als sie, einmal durchgesetzt, alle und alles durchdringen. Heute haben sie die letzte Krypte erreicht, gehören nicht nur zur Ware oder zum Kapital, sondern zum Leben im Kapitalismus. Eine einheitliche Wirtschaftsstruktur für die ganze Gesellschaft und eine formell gleiche Bewußtseinsstruktur bei allen Gesellschaftsmitgliedern hat es vor dem Kapitalismus nicht gegeben. Gegeben hat es aber im menschlichen Leben immer Vergegenständlichung; Arbeit ist Vergegenständlichung und Sprache auch. Wenn jedoch mit Marx und in seiner Folge von Fetischismus oder Verdinglichung gesprochen wird, ist ein gesellschaftlicher Zusammenhang gemeint, durch den selber sein eigener wesentlicher Kern verschleiert wird und verkehrt erscheint. Stellen wir uns wieder auf den Boden der Marxschen Warenanalyse, dann sind die gesellschaftlichen Verhältnisse der Verblendung, von denen die Rede war, mit der kapitali-

1 Karl Marx, Das Kapital. Erster Band, a.a.O., S. 86

stischen Produktionsweise entstanden und werden mit ihr untergehen.

Wie aber können wir, in diesen Verhältnissen lebend, unsere festen Gedanken in Flüssigkeit bringen, um die bereits gestellte Frage wieder aufzunehmen? Wie ist das überhaupt möglich, wenn alles abstrahiert und verknöchert ist: wenn nicht mehr die Besonderheit der Arbeit, sondern ihre Allgemeinheit die herrschende gesellschaftliche Form ist; wenn an die Stelle überschaubarer persönlicher Abhängigkeiten, beispielsweise der der Leibeigenen und Vasallen im Feudalismus, undurchschaubare gesellschaftliche Anforderungen, Zwänge und Bewegungen getreten sind; wenn Arbeiten und Produkte eine von ihrer Realität unterschiedene phantasmagorische Gestalt annehmen; wenn wir in einer fix und fertigen Welt von Dingen und Dingbeziehungen leben, deren Funktionen wir vielleicht noch zu durchschauen, deren Ablauf wir aber durch individuelles Tun trotz allen Erkennens nicht zu ändern vermögen; wenn sich unsere Tätigkeiten uns selbst gegenüber objektivieren; wenn sogar die Dinge verdinglicht, entfremdet werden, denn was hat die Maschine mit dem Profit, was haben Grund und Boden mit der Grundrente zu tun?

Ich denke, die Verrücktheit des Objektiven selber ist die objektive Einfallspforte für das Erkennen. Im Widerspruch, der in der Sache, der in den Verhältnissen, in ihrem inneren Kern existiert und ihr Wesen ausmacht, in dem Riß, der durch die kapitalistische Gesellschaft geht, liegt die objektive Möglichkeit für das reflektierende Denken, den festen und selbstverständlichen Lebensprozeß zu tangieren. Die Theorie des gegenständlichen

Scheins beruht auf der Dialektik von Wesen und Erscheinung. Diese sind als historisch gewordene gefaßt, nicht als metaphysische mit einem ontischen, logischen oder genetischen Ort jenseits der Zeiten. Sie sind in sich selber vermittelt, prozessieren ineinander, koinzidieren aber nicht. Deshalb kann ein Widerspruchsbewußtsein das gesellschaftliche Alltagsbewußtsein durchbrechen. Wäre die Rationalität der kapitalistischen Welt nicht in sich selber irrational, gäbe es die ökonomische Konkurrenz so wenig wie den individuellen Fall, Schwein gehabt zu haben. Vor allem aber zeigen ökonomische Krisen und gesellschaftliche Konfrontationen, daß Schein und Sein nicht zusammenfallen. Dem gesetzmäßig zustande gekommenen Detail widerspricht die Zufälligkeit des Ganzen. Der gesellschaftlich-sachliche Zusammenhang gibt sich als einer der Zusammenhangslosigkeit zu erkennen, das sich maskiert durchsetzende Durchschnittsgesetz als eines der Regellosigkeit, der synthetisch-harmonische Charakter des Gesamtsystems als menschenfeindliche Verselbständigung seiner Teile.

Doch das ist theoretisch gesprochen. Die Verblendungsdichte des Bewußtseins mag abnehmen, sobald einer arbeitslos geworden ist, einen Lohn aus Angst diktiert bekommt, sich offensichtlich selber selbstverdingen muß oder unter einen Sozialplan gestellt wird. Ein Selbstbewußtsein der Verdinglichung mag dann entstehen, wenngleich allerlei ideologische und psychische Barrieren sein Entstehen zu verhindern suchen. Die kalte Wut, das persönliche Erleben der gesellschaftlichen Entwertung und das Wissen um die Ungerechtigkeit der Verfügenden durchdringen jedoch nicht die abstrakte

Unmittelbarkeit der realen, beständig alltäglichen oder plötzlich schicksalhaft erscheinenden Tatsachen des Lebens. Den Zusammenhang von objektiver Notwendigkeit und individuellem Zufall legen sie nicht auseinander. Das heißt alles nicht, daß sie politisch nicht zu den richtigen Schlüssen in dem überschauten Bereich führen könnten. Es meint, daß erst eine geistige Anstrengung die Widersprüche auf ihren Begriff bringen kann.

Geistige Anstrengung - das heißt zunächst: Auch wenn die »späte wissenschaftliche Entdeckung ... Epoche (macht) in der Entwicklungsgeschichte der Menschheit«, wie Marx sich nicht scheut, über seine eigene Arbeit zu sprechen, »verschluckt sie keineswegs den gegenständlichen Schein der gesellschaftlichen Charaktere der Arbeit. Was nur für diese besondre Produktionsform, die Warenproduktion, gültig ist ... erscheint, vor wie nach jener Entdeckung, den in den Verhältnissen der Warenproduktion Befangenen ebenso endgültig, als daß die wissenschaftliche Zersetzung der Luft in ihre Elemente die Luftform als eine physikalische Körperform fortbestehn läßt.«[1] Das gilt auch für den Forscher selber, der ein »Geschöpf« der Verhältnisse »sozial bleibt, sosehr er sich auch subjektiv über sie erheben mag«.[2] Seine Erkenntnis löscht sein Alltagsbewußtsein nicht aus, vermag es aber zu modifizieren. Noch prinzipieller aber ist zu bezweifeln, ob sein Erkenntnisakt trotz adäquaten begrifflichen Fassens der Wirklichkeit diese so weit überwinden kann, daß er von Verdinglichung

1 Ebd., S. 88
2 Ebd., S. 16 (Vorwort zur 1. Auflage)

nicht mehr gezeichnet ist. Das Umfassen der Wirklichkeit mit dem Begriff, und sei er noch so dialektisch entfaltet, erinnert zumindest an das herrschende Prinzip der Kalkulation, an das frühbürgerliche Erkenntnisideal der Mathematisation des ganzen Lebens. Solange ein identisches Subjekt-Objekt praktisch undenkbar ist, muß auch der Theorie des gegenständlichen Scheins selber etwas von den falschen Antinomien Subjekt und Objekt, Notwendigkeit und Freiheit, Individuum und Gesellschaft, Form und Inhalt, Wesen und Erscheinung anhaften. Solange die basale Verblendung nicht nur generell ist, sondern prinzipiell auch untilgbar, muß den Kategorien des Warenfetischismus und des verdinglichten Bewußtseins selber etwas von dem anhaften, was sie zu begreifen suchen. Und so gibt es in der Theorie selber einen Boden für die theoretische Fetischisierung des Fetischismus in Gestalt des Ökonomismus, Psychologismus usw. Die Widersprüchlichkeit der Wirklichkeit kann von einer Theorie nicht außer Kraft gesetzt werden, steht in ihr selber nicht still. Ein theoretisch begründetes und empirisch waches Vermittlungsbewußtsein, welches Sein und Bewußtsein nicht parallelisiert, ineinander abbildet oder überhaupt zusammenfallen läßt, kann jedoch die Menschen und Dinge aus ihrer Fetisch-Isolation so weit herausdenken, daß das Positive im Negativen zutage tritt. Verdinglichung des Bewußtseins heißt ja nicht Stillstand des Denkens, sondern meint eine bestimmte Grundstruktur. Deshalb ist der Schleier, der über dem Ganzen liegt, ebensowenig ganz und gar undurchdringlich wie ganz und gar zu zerreißen. In Analogie könnte man sagen: Wie es verschiedene Ebenen und Grade seelischer Realität und Klarheit gibt - Primärprozeß, Traum, Tagphantasie, Symptombildung usw. -, so gibt es verschiedene Ebenen und Grade geistiger Realität und Klarheit, wobei das Trennen dieser von jenen wie die Isolation der Ebenen willkürlich ist, weil selber ein Produkt der Verdinglichung.

Das Positive im Negativen und das Negative im Positiven? Durch die Abstraktion von der konkreten Arbeit und die Verselbständigung des Warenwerts wurden gewaltige Energien freigesetzt, die, sobald der soziale Stoffwechsel als Tausch etabliert war, den Lebensinteressen der Gesellschaftsmitglieder dienten. Deren eigene Praxis entfesselte die Kräfte des Denkens, der Natur, der Technik und blieb in ihrem Bewußtsein deshalb so kohärent. Die ungeheure Warensammlung ist nicht nur die Hölle; die konkret-nützliche Arbeit ist auch einseitig, verschleißend und monoton; die Gen-Technologie kann auch Erbkrankheiten aus der Welt schaffen, und das Landleben hat auch etwas von Idiotie. Das Platzen der Verdinglichungskruste durch Leere und Menschenfeindlichkeit, die Verstofflichung der Menschen und Dinge wird womöglich ein Bewußtsein der Widersprüche und Fatalitäten im Alltag bilden. Das Gefühl dafür scheint schon da zu sein. Je mehr die Menschen der äußeren Natur zugeschlagen wurden, desto mehr besannen sie sich auf sie. Je mehr die Menschen vergegenständlicht wurden, desto mehr hörten sie auf ihre Seele. Je belangloser die Einzelmenschen im Wertgetriebe wurden, desto lauter riefen sie nach Subjektivität und Autonomie und Identität. Je mehr ihr lebendiges Arbeitsvermögen zum Nichtgegenständlichen in objektiver Form, zum fetischisierten Tauschwert wurde, desto mehr wurden Verliebtheit und Liebe, ja selbst Geschlechtsverkehr und Onanie zum Zeichen des Lebens. Je weniger das Bestehende zu durchschauen ist und das Durchschaute zu ertragen, desto stärker wird der Zug zum Vergangenen, Heimischen, Okkulten und Irrationalen. Wie die Gefühle schon lange als Lubrikat in die Maschinerie gespritzt werden und die Sehnsucht nach der Natur ins Reaktionäre, so sind die aufgekommenen Irr- und Heilslehren die Affekt- und Geistfetisch gewordenen Fetischisierungen der Stoff- und Warenwelt. Sie halten ihr den Spiegel vor, in den zu blicken ihr um des Fetischs willen unmöglich ist. Doch es ist ein Zerrspiegel, und der Blick in ihn macht den Verlust komplett wie in der Fabel von dem Hund mit dem Stück Fleisch im Maul. Der paddelte durchs Wasser, sah darin sein Stück Fleisch, schnappte danach und verlor das, was er schon besaß.

Die Mystifikation des Sexuellen

Höchst bemerkenswert wäre es, wenn angesichts des Vergesellschaftungsgrades der Warengesellschaft und der flexiblen Festigkeit jener Formen, die sie konstituiert haben und in denen sie sich bewegt, wenn sich angesichts dieser Lage ausgerechnet das Sexuelle in einer uneingenommenen Festung einen dornigen Röschenschlaf hätte bewahren können. Ebenso bemerkenswert wäre es jedoch, wenn sich im sexuellen Leben die gesellschaftlichen Gesetzmäßigkeiten so bruchlos durchgesetzt hätten wie *per constitutionem* in den Sphären der Produktion und Zirkulation.

Zu dieser Annahme berechtigen uns vor allem zwei Tatsachen. Zum einen gehört das Sexuelle zu jenem Bereich des Lebens, von dem wir wissen, daß er sich gegenüber einer neuen Produktionsweise (oder gar nur gegenüber einer neuen Ordnung des Eigentums an Produktionsmitteln) überaus bündig, teilweise bis an die Grenze des Inertseins durchhalten kann. Zum anderen geht es im Sexualleben leibhafter zu als in der Produktions- und Zirkulationssphäre. Enthalten Tauschwert, Lombardsatz oder Mehrwertsteuer (eine der jüngst in Kurs gesetzten verrückten Bezeichnungen!) kein Körnchen

Natur, wird man dem Sexuellen die Kreatürlichkeit nicht ganz und gar absprechen wollen. Solche Tatsachen bedenkend, lautet unsere Ausgangsthese: Das Sexuelle steht der gesellschaftlichen Warenstruktur weder gegenüber wie Gold der Luft noch wie Wachs dem Feuer; es ist vielmehr von dieser durchdrungen und gestaltet. Folglich wird die einem Gemeinplatz nahestehende These erst dann etwas vom Leben zum Ausdruck bringen, wenn dieses Durchdrungensein, dessen Vielfältigkeit allein schon wegen der Vielfältigkeit des Sexuellen anzunehmen ist, am konkreten Gegenstand einsehbar gemacht werden konnte.

Halten wir im Gewimmel der sexuellen Formen und Erscheinungen nach etwas Ausschau, einer Vorstellung, einer Tatsache, die allen gemeinsam ist oder sein soll, nach etwas, was Ehe, Prostitution, Onanie und Beischlaf, Spezialversandhandel, Liebe und Lustmord, Impotenz und Geschlechtsumwandlung, Sexualerziehung und Paartherapie miteinander verbindet, dann ist es die Vorstellung: daß all das letztlich der Privatsphäre angehöre, Sache der Individuen sei. Gesellschaft und Staat könnten zwar hier und da Vorgaben machen, befördern und behindern, genehmigen und verbieten, der einzelne »Bürger« aber entscheide letztlich, was geschehe. Seine Freiheit sei es, zwischen diesem und jenem Weg zu wählen, seiner Wertung unterliege es, dieses oder jenes positiv oder negativ zu sanktionieren, sein persönliches Schicksal sei es, wenn ihm etwas zustoße: Krankheit, Verbrechen, Einsamkeit, Verliebtheit, Scheidung, Abtreibung, Sexografie usf. Daran wird auch heute festgehalten, obgleich alle sexuellen Topoi mittlerweile öffentlich dargestellt, beredet und verhandelt sind. Die Veröffentlichung des Sexuellen zieht gerade aus dieser Vorstellung ihren spezifischen Reiz.

Die aufgeklärte Variante der Fiktion von der Privatheit und Personhaftigkeit der sexuellen Vorstellungen und des sexuellen Tuns lautet seit einigen Jahrzehnten: In der frühen Kindheit entscheidet sich im wesentlichen, wie das spätere Sexualleben beschaffen sein wird. Stand dabei zunächst die Mutter allgewaltig und einzigartig im genetischen Zenit, gesellten sich bald die Familie und andere Institutionen hinzu. Immer aber blieb das Sexuelle dem einzelnen zugehörig und wurde von ihm auch so empfunden. Kein anderer Bereich des Lebens konnte dem sexuellen trotz aller öffentlichen Akrobatik seinen intimen Charakter streitig machen. Selbst Einkommensverhältnisse werden eher preisgegeben als sexuelle, Topmanager von Kapital und Arbeit vielleicht, ganz moderne Zeitgenossen sowieso ausgenommen.

Letztere können sich nicht mehr dem Kitzel versagen, ihre persönlichen Vorlieben, Probleme und Erlebnisse der Verwertung zu überlassen. Sie marschieren an vorderster Front: der Kulturkritiker, der schon einmal, wie wir erfahren, verzweifelt versucht hat, neben einem Freund liegend zu onanieren; die alte Genossin, die uns wissen läßt, wie gerne sie richtige Männer in ihrer richtigen Scheide verspürt; die Psychotherapeutin, die ihren schwangeren Leib unter inneren und äußeren Blicken an einem Swimmingpool entlangmanövriert und daraus literarische Schlüsse zieht; der ansonsten reflektierte Herausgeber, der uns ruchlos einredet, mit seiner Frau und seinem Kind trotz allem rundum glücklich zu sein;

der Moderator, der seine Talk-Show-Gäste seelisch entkleidet und sich selber nackt fotografieren läßt; der grüne Offizier, der den TV-Millionen versichert, wie gut seine Gattin damit zurechtkomme, daß er ständig zu jüngeren Frauen in einem Verhältnis steht; der Redakteur einer linken Tageszeitung, der schmutzige Phantasien hat und in diesen Frauen vergewaltigt. Was immer man von solchen Bekenntnissen auf der Höhe einer Psychowelle halten mag; bemerkenswert sind die Peinlichkeit, das Gerede und die Erregung, die sie hervorzurufen vermögen. Der arme Tageszeitungs-Sexograf, der nur beim Namen genannt hatte, was in den Köpfen linker wie rechter Männer gang und gäbe ist, wurde monatelang von Briefschreiberinnen gegeißelt, als hätten sie das zum allererstenmal gehört. Selbst in den aufgeklärtesten Kreisen liegt über dem Sexualleben jener Schleier, um den es hier geht, herrscht jene Verkehrung, auf die ich hinauswill. Das, was gang und gäbe ist, wird individualisiert. Das, was gesellschaftlichen Herkommens ist, wird ins Reich der Psychologie verlegt. Das, was schon lange seiner Intimität beraubt ist und gerade mediengerecht präsentiert wird, scheint weiterhin dem verborgenen Einzelleben zuzugehören. Die Verkehrung der Verkehrung dabei ist: Intimes scheint erst dadurch intim zu werden, daß es als Intimes öffentlich verhandelt wird.

Die gedoppelte Fiktion von der Privatheit, Intimität und individuellen Einzigartigkeit des Sexuellen ist ein Element des sexuellen Fetischismus. Denn tatsächlich verläuft das Sexualleben in gesellschaftlich und folglich individuell geordneten Bahnen. Von anarchischer Lust ist es so wenig gezeichnet wie von Einmaligkeit.

Bewahrt sich einer nicht ein infantiles Stück Anarchie oder Sonderbarkeit, kann er es höchstens mit dem Kopf noch wollen. Das mitgebrachte Stück oder das aus dem Kopf vegetiert aber unter dem enormen Sog der kulturellen Normalität, wird dadurch gerichtet. Selbst die bizarre Perversion und der chaotische Triebdurchbruch tragen den Stempel der kulturellen Normalität. Ohne deren Gewalt und Ubiquität - sie ist in jeder sozialen Ritze präsent - wären jene weder seelisch noch sozial »Perversion« und »Durchbruch«. Stünden den Menschen die vielen Wege der Lust offen, fiele es schwer, einige davon als abweichend, deviant, abnorm, paraphil zu bezeichnen, andere davon als Kontrollverlust zu erfassen, moralisch, religiös, medizinisch usw. Werden an die Triebäußerung Kriterien des Richtig und Falsch, des Gut und Schlecht, des Üblich und Unüblich, des Harmlos und Gefährlich, des Anständig und Unanständig, der Willensbeherrschung, des Passens, des Wohlplaciertseins angelegt, ist das Triebhafte vergittert, auf Normalität gezogen, seiner Vitalität, Virulenz, Sehnsucht beraubt, und es greift etwas in sein emotionales und soziales Schicksal ein, was ebenso Phantom wie blutige Realität ist: das gesunde Volksempfinden. Der beunruhigende Gedanke an die Anarchie der Lust, an ihre unendlich vielen Wege und Gestalten und daran, daß sie auf einzelmenschliche Subjektivität verweist, wird ausgehalten, treffender: im Keim erstickt, durch die Gewißheit: daß Triebäußerung und Lustgewinn uniformiert sind, daß keiner über die Freiheit verfügt, an die Chaos und Anarchie gemahnen. Auch nicht der Casanova und schon gar nicht der Don Juan oder eine andere »blühende« Perversion, von Ehe und Peep show ganz zu schweigen.

Obgleich die Verdinglichung des Bewußtseins vom allgemeinen gesellschaftlichen Leben, der keiner entgeht, der Boden der Vorstellungen vom sexuellen Leben ist, verqueren sich doch auf ihm ideologische und moralische Überzeugungen, die, je nach Betrachtungswinkel, scheinbar das Feld bestimmen. Durchgesetzte Wertform in Gestalt des Tauschprinzips vorausgesetzt, sind sie am einen Pol als isolierte objektiv antiquiert, weil dem Niveau von Formationen äquivok, die historisch der Warengesellschaft vorweggegangen sind. Bewußtseinsüberhänge aus vergangenen Zeiten sind gewiß die, die den Inzest, die Virginität, das Kind als Sexualwesen, die mannmännliche und weibweibliche Liebe, die Abtreibung, den Voyeurismus, die Sodomie usw. betreffen, aber auch einige von denen, die sich auf die Familie und die Geschlechtsverhältnisse beziehen, überhaupt auf Sitte und Anstand in dieser Region. Am anderen Pol drücken die ideologischen und moralischen Überzeugungen recht direkt die basale Verblendung aus. Dann tritt der Fetischcharakter der spontanen Vorstellungen über Sexualität bemerkenswert unverblümt zutage. Was historisch und gesellschaftlich bestimmt ist, scheint natural zu sein; was kreatürlich ist, scheint gesellschaftlich zu sein. Eher Gesundes wird als krank behandelt; Oppressives wird als befreiend mißverstanden; Gerades imponiert als verkehrt, pervers; Reflexhaftes gibt sich als freier Wille; Totes als lebendig. Verdinglichtem Bewußtsein verdankt sich die persönliche Frage, ob ich hetero-, bi- oder homosexuell sei. Was persönlich gemeint ist, ist bereits vom Fragebogen, allererst aber von den verdinglichten Lebensverhältnissen abgezogen. Verdinglichtem Bewußtsein verdankt sich die Vorstellung, sexuelle Befriedigung sei mit einer bestimmten Koitusfrequenz korreliert, Onanie werde von einer bestimmten Menge an schädlich. Oder invertiert: mit 14 Jahren müsse man geküßt, mit 15 Petting gehabt, mit 16 den Verkehr vollzogen haben; jeder, Mann oder Frau, müsse seine Homosexualität in nackten Aktionen niederschlagen; Gruppensex sei eine Kleinigkeit; sich eine Prostituierte nehmen unerhört usw. usf. Nur wer das alles zustande bringe oder eben nicht, sei erfahren und emanzipiert, neugesittet.

Wie widersprüchlich es zugeht und in sich verdreht, wenn moralische Gebote aus vergangenen Formationen mit neuen Konventionen sich verbinden, kann an vielen, wenn nicht allen sexuellen Erscheinungen dieses Jahrhunderts studiert werden. Beim Petting beispielsweise, das in den USA typisiert wurde, verschränkten sich das angesichts der körperlichen Reife viel zu hoch angesetzte Heiratsalter und die weiterhin bestehende Wertschätzung der Virginität des Mädchens bis zum Moment der Eheschließung sowie das Mißbilligen der biologischen und sozialen Folgen des vorehelichen Beischlafs einerseits mit der in Kurs gesetzten Devise, sexuelles Tun sei ganz natürlich und jeder habe ein Recht darauf. Das Surrogat, das herauskam, bezeichneten die unmittelbar Betroffenen als normal, und Kinsey verbuchte es als natürliche Ausdrucksform der Sexualität.

Normal und natürlich – das sind die Parolen, auf die der Sexualfetischismus hört. Und tatsächlich gibt eine

Kompromißbildung wie das Petting zu erkennen, wie sehr die in sich widersprüchliche Verschränkung alter und neuer Sexualgebote von der allgemeinen Verdinglichung gezeichnet ist. Das Sexuelle wird in sich partialisiert, handhabbar gemacht, als risikolos verharmlost, zu einem Genuß ohne Reue. Dieser menschenfreundlich-zynische Slogan konnte von der Filterzigarettenindustrie umstandslos entlehnt werden. Kaum noch zu entlehnen aber ist ein irgendwie sinnvoller Bezug auf irgendein Ganzes, eine Synthese der Sexualmomente. Wird nichts gewagt, was nicht ohnehin angedient ist, wird der Inhalt des Genusses ersetzt durch sein bloßes Zustandekommen, geht es nicht darum, was und wie etwas gemacht wird, sondern einzig: daß es erfolge. Das sexuelle Tun erstarrt zur Sache und wird als solche mystifiziert.

Pseudoaktiv, weil geregelt, passiv und vergegenständlicht wie Fernsehen, Autofahren oder Flippern, ist das Sinnliche zu seiner eigenen Imitation geworden. Schreie der Lust, die die solcherart Bewegten ausstoßen, sind aber nicht nur solche der Imitation. Sie kommen auch aus der Subversion, die nicht aufhört, daran zu erinnern, daß um Rausch und Glück betrogen wird. Derweil perfektionieren die Ambivalenten ihre Imitation der Sinnlichkeit, indem sie in Gesichts- und Körperausdruck ihren Stars aus Film und Fernsehen nacheifern. Die zeigen ihnen, wie weit der Mund geöffnet ist, wie sehr das Auge glänzt, wo sich Hände und Füße befinden, wenn gesirrt, gereizt und genossen wird. Auf diese Weise zu einem perfekten und echten Ausdruck gelangt, verdreht sich den Pseudoaktiven auch dies: daß sie den Mechanismen der Versachlichung unterworfen sind, erscheint ihnen als deren Kontrolle. Das hauptsächliche Quidproquo aber ist: Es scheint, als seien die Menschen sexuell aktiv, doch sie vermeiden alles, was daran erinnerte: Spontaneität und Regellosigkeit, Hingabe und Ekstase, Risiko und Subjektivität. Das Resultat, für die heutige Sexualkultur insgesamt charakteristisch, ist lustvolle Lustfeindschaft, Stehenbleiben beim Sichfallenlassen. Doch das Fleisch straft die verdinglichte Aktion und das Normalitätsbewußtsein manchmal Lügen. Schon beim Petting klagen die malträtierten Sexualorgane schmerzhaft auf Blutentleerung. In der Ehe dann sind nicht wenige Männer und Frauen unfähig, das habitualisierte Surrogat aufzugeben, den ganzen Leib des anderen zu spüren, die alten Sperren zu durchbrechen. Frustration und Aggression, Impotenz und Frigidität stellen sich ein; ein Zirkel der Qual ist geschlossen.

Das effektive Aufziehen des Sexuellen auf Normalität, sein Handhabbarkeitscharakter, das An- oder Abstellen der Sinnlichkeit je nach dem objektiven Zug, der Fetischcharakter des Genusses, sobald er zum bloßen promoviert worden ist – all das hat eine historisch einzigartige Voraussetzung: die Verselbständigung und Vergegenständlichung des Sexuellen. Diese Voraussetzung ist im Kapitalverhältnis angelegt und wurde mit seiner Entfaltung verwirklicht. Die »von allen Arbeitsmitteln und Arbeitsgegenständen, von ihrer ganzen Objektivität getrennte Arbeit«, wie sie das Kapitalverhältnis setzt, reduziert sie auf ihre »rein subjektive Existenz«. Als »sich auf sich beziehende Negativität« – so sagt es Marx in Hegels Sprache in den *Grundrissen der*

Kritik der politischen Ökonomie - verarmt die lebendige Arbeit zum »Nichtgegenständlichen«, welches, mit der »unmittelbaren Leiblichkeit« des Arbeiters zusammenfallend, das »Nichtgegenständliche selbst in objektiver Form«[1] ist und das heißt: fetischisierter Tauschwert. Lebendige Arbeit kann aber nicht nur das Verausgaben und Modellieren der Muskeln und des Hirns meinen, sondern auch der affektiven und sinnlichen Fähigkeiten und Eigenschaften. Und so wird den Produzenten auch ein Stück ihrer Sinnlichkeit als Nichtgegenständliches in objektiver Form zurückgeworfen, ebenso scheinhaft wie real. Von ihren eigenen Machwerken, den Waren, diesen sinnlich-übersinnlichen Dingen, die Sinnengleiches und gleichen Sinnes sind, verlockt und verhöhnt sie das abgetrennte Sinnliche konkret als Abstraktes.

Dieses Abtrennen der Vermögen, Kräfte und Eigenschaften von der Person des Produzenten wiederholt sich in den Sektoren des sogenannten Überbaus. Dort geht es allerdings gebrochener zu, ein Quidproquo schachtelt sich ins andere. Heute ist das Rechtsempfinden des Juristen und das ethische Gewissen des Beamten, Arztes oder Abgeordneten ebenso versachlicht wie die brilliante Ausdrucksweise des großen Publizisten, die psychologische Feinfühligkeit des Therapeuten oder die politologische Regsamkeit des Sozialarbeiters. Werden menschliche Fähigkeiten und Eigenschaften solcherart aus der Gesamtperson herausgerissen und als herausgerissene, also vergegenständlicht, verwertet, ist

1 Karl Marx, Grundrisse der Kritik der politischen Ökonomie. Rohentwurf (1857/58). Frankfurt a. M. und Wien, o. J., S. 203

dem Grundzug der Warengesellschaft Genüge getan, der die Produzenten erst so weit atomisierte, bis sie »frei« waren, um sie dann unter die Kontrolle ihrer eigenen Produkte geraten zu lassen. Den Götzendienst, den sie ihren Machwerken fortan leisteten, ließen sie auch den abgelösten, zu abstrakten Mechanismen gewordenen menschlichen Eigenschaften und Qualitäten angedeihen: als subjektive Redlichkeit und Integrität, als wissenschaftliche Kompetenz und berufsspezifische Innerlichkeit, als sex appeal und Mysterium der Liebe. Tatsächlich sind beim Fortschreiten vom Handwerk über Kooperation und Manufaktur zur großen Industrie die individuellen Eigenschaften derer, die ihre lebendige Arbeit gaben, in immer stärkerem Maße in Regie genommen worden. Dieser Prozeß ersetzte Lebendiges durch Totes, Qualitatives durch Quantitatives, angeeignete Natur durch gesellschaftliche Funktion. Störten die psychischen Eigenschaften des Arbeitenden oder wurden sie benötigt, stand ihre Versachlichung an, wurden sie dem Prinzip der Kalkulierbarkeit unterworfen. Dieses durchherrschte nach und nach, wenngleich voller Widersprüche, alle Bereiche des sogenannten Überbaus.

Wie die Medizin den Wahnsinn dingfest und handhabbar machte, so systematisierte sie auch das Sexuelle. Jetzt stand fest, wann einer sexuell gestört war und wann nicht. Die Sexualforschung gab dem, was erst gar keinen Namen hatte, weil noch nicht abgetrennt, und dann unaussprechbar war, weil unter Kuratel und in Verdrängung gehalten, sowohl einen Namen als auch Unterschlupf und Stimme. Doch fortan hatte die Verfolgung ihre Parole und räucherte alles, was vom rechten Pfad der Konvention abwich, an Ort und Stelle, in seinem Unterschlupf aus. Ähnlich zweischneidig sind die Auswirkungen jener Errungenschaften der Medizin, an deren Ende der vorläufige Sieg über die Geschlechtskrankheiten und die Fruchtbarkeit der Frau stand. Ermöglichten sie auf der einen Seite einen folgenlosen Sexualgenuß, von dem die Menschen vergangener Epochen geträumt haben mögen, so bereiteten sie andererseits gerade dadurch den objektiviert technischen Boden für die Versachlichung des Sexuellen in Gestalt des fetischisierten Genusses. Dem wiederum zollte die moderne Sexualwissenschaft ihren Tribut. Sie anerkannte zunächst die gesellschaftlich produzierten sexuellen Gegenständlichkeitsformen wissenschaftlich, indem sie sie getreulich tabellierte. Dann mißverstand sie sie »wertungsfrei« als aus der menschlichen Natur geflossen und daher menschenwürdig. Gleichzeitig rief sie den Orgasmus, ebenfalls als Bestandteil der Natur, zum Befriedigungskriterium aus, so daß die folgerichtig in Gang gekommene Sextherapie als isolierte am Isolierten ihre Dienstpflicht definieren konnte.

Daran mag man ablesen, daß der Prozeß der Atomisierung des Sexuellen nicht nur in sich widersprüchlich ist, sondern auch unabgeschlossen. Er ist zurückzudatieren über die Tage Kants hinaus, der schon ebenso wirklichkeitsgerecht wie zynisch, weil zweckrational, in der *Metaphysik der Sitten* sagen konnte: »Geschlechtsgemeinschaft *(commercium sexuale)* ist der wechselseitige Gebrauch, den ein Mensch von eines anderen Geschlechtsorganen und Vermögen macht *(usus membrorum et facultatum sexualium alterius)* ... die Ehe *(matri-*

monium), d.i. die Verbindung zweier Personen verschiedenen Geschlechts zum lebenswierigen wechselseitigen Besitz ihrer Geschlechtseigenschaften.«[1] Im Fortgang der historischen Entwicklung hat die Warenform nicht nur alle Dinge der Bedürfnisbefriedigung in eine gespenstige Gegenständlichkeit verwandelt und den sozialen Stoffwechsel insgesamt in die unkontrollierbare Bewegung äußerlicher, scheinbar selbsttätiger Dinge. Sie läßt auch die menschlichen Qualitäten insofern als »Dinge« funktionieren, als sie nicht mehr organisch mit der einheitlichen Person verbunden sind, sondern als abgelöste in Dienst genommen und angepriesen werden. Dabei ergeht es einigen sexuellen Eigenschaften – man denke beispielsweise an die sogenannte Attraktivität, an einzeln herausgehobene sekundäre Geschlechtsmerkmale oder branchengerecht zurechtgeformte und vereinnahmte Spezialvorzüge namentlich homosexueller Männer – nicht anders als den psychischen oder geistigen Fähigkeiten, von denen die Rede war. In dem Bereich des Sexuellen aber, den man gewiß als den Kernbereich bezeichnen möchte und der hier vorläufig als Mysterium der Liebe angedeutet sei, geht es noch komplizierter zu.

Bevor ich darauf eingehe, möchte ich aber noch einmal den Faden dort aufnehmen, wo von der Atomisierung und Vergegenständlichung des Sexuellen als Voraussetzung seiner Konventionalisierung die Rede war. Es geht ja nicht an, dieses Problem allein am US-amerikanischen Petting zu demonstrieren, wenngleich es

1 Immanuel Kant, Die Metaphysik der Sitten (1797). Akademie-Textausgabe, Bd. VI. Berlin 1968, I. Teil, § 24, S. 277

schon lange bei uns beheimatet ist. Betrachten wir die Sexualität einheimischer Jugendlicher, wie sie sich in soziologischen Studien zu erkennen gibt, dann fällt sofort ihre enorme Durchtypisierung ins Auge. Als Gunter Schmidt und ich noch ordentliche empirische Sexualforscher waren, befragten wir auch 600 Schüler und Schülerinnen der Geburtsjahrgänge 1953 und 1954. Es ergab sich folgendes Bild[1]: Jungen ebenso wie Mädchen beginnen ihre äußere Annäherung an das andere Geschlecht mit Verabredungen, danach kommt es zum ersten Kuß. Dann gehen sie eine feste Freundschaft ein und verlieben sich fast gleichzeitig. Anschließend kommt es zum ersten Brustpetting, darauf zu jenem Petting, bei dem der Junge die Genitalien des Mädchens berührt, dann zum Petting, bei dem das Mädchen die Genitalien des Jungen aktiv berührt, und schließlich wird der erste Beischlaf vollzogen. Erst danach werden oralgenitale Stimulationen praktiziert. Diese Abfolge ist so uniform wie sie klingt. Aber nicht nur die Abfolge ist standardisiert, auch der Zeitpunkt, zu dem die jeweilige Stufe erreicht wird, ist festgelegt. So hatte sich damals das »durchschnittliche« Mädchen vor dem 14. Geburtstag, also mit 13 Jahren, schon einmal mit einem Jungen verabredet. Vor dem 15. Geburtstag hatte es dann geküßt, vor dem 16. war es schon einmal fest befreundet und verliebt gewesen und hatte Brustpetting erlebt. Vor

1 Volkmar Sigusch und Gunter Schmidt, Jugendsexualität. Dokumentation einer Untersuchung. Beiträge zur Sexualforschung, herausgegeben von Hans Bürger-Prinz, Gunter Schmidt, Eberhard Schorsch und Volkmar Sigusch. Bd. 52. Stuttgart 1973, S. 7 ff.

dem 17. Geburtstag wurde dann das Genitalpetting absolviert, vor dem 18. der Koitus. Bei den Jungen sah es kaum anders aus.

Der Sog ist so groß, daß viele von denen, die die jeweilige sexuelle Erfahrungsstufe noch nicht erreicht haben, beunruhigt sind, sich als unglücklich bezeichnen, sich unter Zeitdruck fühlen und Angst davor haben, von anderen ausgelacht zu werden. Nur drei von 100 Jungen und vier von 100 Mädchen sahen sich durch hergebrachte moralische Überzeugungen daran gehindert, sexuell weiter zu gehen, als sie es bisher getan hatten. Ebensowenig wie moralische Bedenken wird ein persönliches Desinteresse an sexueller Betätigung dem Sog entgegengestellt. Die wenigen, die ihren Nonkonformismus durchaus positiv beurteilen, sehen sich doch als eine Nachhut, die die scheinbar individuell gewählte Situation als eine des Übergangs bald verlassen wird. Wie die Konventionen nicht mehr durch subjektive Aneignung gerechtfertigt werden, so auch nicht die scheinbare Opposition. Umzingelt von den bereitgestellten Stufenleitern und angedienten Handgriffen enthüllt sich jene Überzeugung aufs neue als Fiktion, nach der die sexuellen und affektiven Regungen uns ganz persönlich gehörten, unserer individuellen Wahl und Wertung unterlägen, unverwechselbar seien, auf keine Äquivalenz zu bringen.

Nun könnte eingewandt werden, solche Daten blieben dem Problem der Verdinglichung gerade deshalb äußerlich, weil sie selber Äußerliches erfassen. Schaut man aber nicht nur auf die technischen Vollzüge, sondern auch auf das Leben in einer Freundschaft, auf die

Gefühle, Wertvorstellungen, Wünsche und Hoffnungen im Umkreis des Sexuellen, dann geht es generell ebenso formelhaft zu. Es ist, als hätte jemand den Jugendlichen einen Leisten gegeben, über den sie ihre sexuelle Gegenwart wie ihre Zukunft schlagen können. Auf den ersten Blick scheint der herrschende Maßstab fair, still, bieder und tumb zu sein. Es geht zentral um Liebe und Treue, Ehe und Familie. Doch der Schein trügt. Die sauberen Vorstellungen sind modernisiert, die durchgedrungene Warenstruktur hat dem Sexualleben ihren Stempel aufgedrückt: keine Zärtlichkeit ohne Hintergedanken, keine Verliebtheit ohne Verschlingen, keine Freundschaft ohne Verbrauchen, kein Sichschönmachen ohne Reklame, keine Hingabe ohne Besitzenwollen, kein Glücklichsein, ohne es hinauszuposaunieren.

Als zentraler Wert bestimmt Liebe über das Geschehen. Wer sie hat, ist zu allem berechtigt. Sie ist die Moral schlechthin. Ihr Herkommen ist ebenso unklar wie ihre Stimmung irrational. Es geht zu, wie wenn Naturgesetze am Ruder wären. Hat sich Liebe einmal in ihr eigenes Recht gesetzt, findet sich die vordem beschworene Freizügigkeit im Unrecht wieder. Jetzt wird Treue gefordert. Doch die Liebe ist fast so punktuell und kurzfristig und unzuverlässig wie der sexuelle Reiz. Geht sie wieder, darf der, der sie besaß, sein Gerede von dem ganzen Menschen und dem ganzen Leben mit ihr vergessen. Durch solche Operationen gestattet sie es, Mitleid und Schande, Scham und Rücksichtnahme, selbst vorübergehenden Verzicht und gar den verzweifelten Kampf um eine gemeinsame Zukunft abzutun, als hänge all das an einem von Anfang an irgendwie äußerlich gebliebenen, jetzt ganz und gar fremd gewordenen Etwas, gegen dessen Eigenleben keiner etwas vermag. Von dieser Art zu lieben führt ein gerader Weg zu der in die laufenden TV-Kameras gesprochenen Aufforderung normal empfindender Mitbürger, chaotische Hausbesetzer totzuschlagen.

In der Mystifikation der Liebe produziert die Verdinglichung ihre eigene Verdeckung. Dort, wo sie sich, wenn auch noch so vermittelt, durchsetzt, imponiert sie gerade als das Nichtverdinglichte schlechthin, als das intime, volle, persönliche Leben. In der Warenwelt scheint der eigentliche Kern der Sexualität, der von »persönlichsten« Gefühlen und Wertvorstellungen gebildet wird, dem Diktat der gesellschaftlichen Wertform entzogen zu sein. Das Verhältnis zu den Menschen und menschlichen Werten erscheint als eines der Unmittelbarkeit, die Herrschaft der »echten« Werte als ein Bollwerk gegen die Versachlichung. Doch dieser Schein ist es gerade, der das Sexuelle in die Wertform zwingt. Das ist der spezifische Fetischcharakter des Sexuellen. Das macht das Sexuelle zur Sexualität. Warencharakter haben die sexuellen Werte dadurch, daß sie aufgebraucht werden und Gefühle an sich heften, ohne daß ihre spezifischen Eigenschaften und ihr Bezug zum Ganzen vom »Besitzer« durchschaut würden. Die Mysterien von Privatheit, Innerlichkeit, Intimität, Spontaneität und Rausch sind von außen eingespritzt. Ihr Ausdruck ist Imitation, ihre Bewegung Pseudoaktivität, ihre Vollendung Barbarei. Die Affekte, die sich an die Werte heften, erzeugen den Schein des Unmittelbaren. Doch die beziehungsvolle Beziehungslosigkeit zum Liebes- und

Sexualobjekt widerruft ihn. Die Beziehungslosigkeit basiert auf dem Fetischcharakter der Werte. Eigen scheint den Liebenden nur noch das Entfremdete, Abstrakte zu sein. Ihrer Spontaneität werden sie gerade dort vollends beraubt, wo sie in ihr aufgegangen zu sein scheinen. Die Preisgabe fällt mit dem Betrug zusammen. Ihre größte Verinnerlichung ist ihre größte Veräußerlichung. Um so romantischer geht es zu. Sie verehren die Beziehung von eigenen Gnaden, die ihnen den Gnadenstoß geben wird. Denn auch das gehört zum spezifischen Fetischcharakter des Sexuellen: daß er gedoppelt ist und nicht in zwei Hälften zerfallen, die die Verschleierung durch ihre Überlappung stabilisieren könnten. So aber stoßen seine Verkehrungen immer wieder an den Bewußtseinsschleier, um sogleich durch ein anderes Quidproquo zurückgestoßen zu werden. Was bleibt ist Genußfeindschaft im Genuß, Ungebundensein in der Bindung, Treulosigkeit in der Treue, Menschenverachtung in Liebe.

Klagen über den Verfall der guten Sitten und der großen Liebe sind sinnlos. Auch, weil es beides in der Wirklichkeit nicht gegeben hat, weil es nicht um Untergang, sondern um Stabilisierung geht. So wie nicht verlangt werden kann, die Menschen sollten aus der Welt der Ware heraustreten oder sich auch nur von der Schönheit und dem Glanz der käuflichen Dinge nicht mehr anreizen lassen, so kann nicht verlangt werden, die Menschen sollten im Sexualleben das gerade Gegenteil von dem verwirklichen, was ihnen im allgemeinen Leben allgemein versagt ist. Es wäre, wie wenn der Verhungernde zum Fasten aufgefordert würde, wie wenn an den Obdachlosen appelliert würde, sich gefälligst in eine transirdische Heimstatt zu imaginieren. Menschen imitieren in ihren sexuellen und Liebesbeziehungen den gesellschaftlichen Tauschakt, weil sie bis auf die Grundelemente des Triebhaften herunterparzelliert sind, weil ihnen ihre individuellen Eigenschaften herausgerissen und verwertet worden sind. So macht bei den nach innen Getriebenen die Kunst des Liebens Furore. Da ihnen nichts anderes geblieben ist - und das auch nicht wirklich -, müssen sie ihre Gefühle expropriieren. Und das geht dem Egoismus entlang. Der Raubbau mit den Emotionen ist in der Warenwelt vorgezeichnet und mittlerweile seelenökonomisch unabwendbar: nach außen entweder manisch oder überdreht, abgestumpft oder depressiv, nach innen eine Mischung von beidem.

Wo das Individuellste dinghafter Entfremdung verfällt, wo es so widersprüchlich, ambivalent, egoistisch und gnadenlos zugeht, wird man nicht nur auf die Kurzlebigkeit und das Versagen solcher Mystifikationen wie der der Liebe gefaßt sein müssen, sondern auch auf ihre Substitution.[1] In intellektuellen Unterschichten und solchen, die am Rande liegen, ist man schon lange so abgeklärt, daß die sexuellen Existenzialien nicht als äquivalenzlose Eingebungen des Heiligen Anton genommen werden, vielmehr als von dieser Welt. Dort ist man auf einiges gefaßt und hat manches erprobt: halbwegige Gemeinschaftspraxis, monostrukturelle Bisexualität, mo-

1 Vgl. dazu Gunter Schmidt, Erotik ist nur noch Alleinsein, sowie Ulrich Clement, Gefühlskalkulation. In: Die sexuelle Frage, herausgegeben von Volkmar Sigusch. Hamburg 1982, S. 16 bis 24 sowie 61 bis 68

derne Onanie, Dreiecksverhältnisse, den Fick in der Natur und den »natürlichen« Fick, Geronto- und Pädophilisches, Beißen und phantastisch Vergewaltigen, Schnüffeln und Jimmy, Crusing und Peeping, Dauergerede und Liberalismus, Alleinsein und Von-Verliebtheit-zu-Verliebtheit-Taumeln. Geblieben sind: der rumorende Stau der Gefühle, die falbe Kürze der Befriedigung, die stille Sehnsucht nach dem Glück und als roter Faden all dessen: die Beziehungskiste. Beziehung und Kiste, das klingt nicht nach autochthonem Sprudeln ganz persönlicher Regungen, nach metaphysischer Erleuchtung, das klingt nach vergegenständlichten Verhältnissen, benutzt ein Ding dazu, um etwas Lebendiges zu benennen. Eine Kiste, die im Weg ist, kann man zerschlagen, verbrennen, wegwerfen. Beziehungen aber, wie verdinglicht auch immer, sind noch als Substitute, die im Fetisch Liebe bereits als der eigentliche Zweck durchschimmerten, phantastisch und leibhaft, sie liegen in Magen und Kopf, spürbarer, beständiger als Biblis Block C, als Rhein Main Startbahn West. Nicht undenkbar, daß Protest und Kampf gegen diese eigentlich jene meinen. Was wäre auch der Wunsch nach Frieden in der Welt ohne den zu Hause? Perfide wie die veröffentlichte private Wohligkeit des Atomphysikers, der die Neutronenbombe konstruierte. Wie es diese terroristische Wohligkeit gibt, gibt es auch den privaten Terror jener, denen nichts wichtiger ist als die Verhütung des Krieges.

Wo der Bürger ein Verhältnis hatte, kann sich der quatschend Fühlende nicht beziehen. Während der Bürger seine Amouren und Vaganzen mit Ehe und dergleichen irgendwie austarierte, zerspringt dem Aufgeklärten seine Liebe am Emanzipationsgerede, am Wegwerf- und Weglaufmechanismus. Wo einst wenigstens die Illusion der dauerhaft gebündelten Triebe war und das Hoffen auf den Primat des Reifen, sirren heute die Reize von außen. Sie müssen als Fetische her, wenn die anderen aus dem Reich des Sexuallebens versagt haben. Damit verbunden ist ein Übergang von der einen großen Sphäre des Sexuellen zur anderen, von der hohen zur niederen, von der Liebe zum Sex, vom Bastei-Roman zum Versandhauskatalog. Auch ist zu erwarten, daß sich der Tauschwert auf eine andere Weise durchsetzt.

Das ist die Sphäre des Sexuellen, die selbst Helmut Schelsky im Anschluß an Arnold Gehlen als unter dem Konsumzwang stehend beschrieben hat. »So«, sagt er in der *Soziologie der Sexualität*, »wie der scheinbar frei und beliebig wählende Verbraucher längst unter der Rute des Absatzterrors will, wie er muß, und den Anschein seiner Freiheit vorgeplant in ein dirigiertes Geschäft einbringt, so ist die sexuelle Lustsuche längst zu einer unersetzlichen Methode persönlicher und sozialer Daseins- und Selbstbestätigung geworden und damit weit entfernt von der Heiterkeit des Spiels.« Die sexuelle Lustsuche wird laut Schelsky konformiert »durch aufdringliches Bereitstellen unausweichlicher Triebphantasmen«. Durch die »im Dauerdruck moderner Massenkommunikationsmittel aufgedrängten erotischen Bilder und Klischees« werde »die im Individuum entspringende Triebphantasie bis zu Untätigkeit entlastet und also in Wirklichkeit gehemmt«. Der erotischen Einbildungskraft werde mehr zum Gebrauch angeboten, als sie im Durchschnitt von sich aus überhaupt aufzubringen vermocht hätte. Die Folge sei eine »Sexualisierung des modernen Menschen von außen, eine Daueraktualisierung sexueller Impulse durch die Gesellschaft ohne eigentlichen Triebdruck vom Individuum her und mit der Konzession weitgehender Phantasie- und Gefühlsträgheit«.[1] Schauen wir nicht wie Schelsky von den Institutionen und auch nicht von den Massenkommunikationsmitteln her, sondern vom gesellschaftlichen Stoffwechsel, dann ergibt sich folgendes Bild:

Der Vorrang des Objektiven in entscheidenden gesellschaftlichen Verhältnissen, das Quidproquo von Subjekt und Objekt, welches der Warenfetischismus meint, hat generell die Beziehungen der Menschen zu Dingen und Objekten verändert. Je allseitiger die Ware den lebenserhaltenden sozialen Stoffwechsel vermittelte, desto stärker, qualitativ wie quantitativ, zog sie die Bedürfnisse, Wünsche, Begierden und Interessen der Menschen an sich. Sinnlichkeit, die einst roh, weil wenig verstellt, unter den Menschen war, wurde gerichtet auf die ungeheure Warensammlung, auf die hergestellten Dinge, die nützlich oder überhaupt nicht nützlich sind. Ungeheure Warensammlung, das heißt nämlich auch: die Dinge wurden von dem Fluch befreit, nützlich zu sein, wie es Walter Benjamin sagte.

Folglich wurden die Bedürfnisse und Wünsche nicht nur in einer Richtung entfacht, hin zu den mehr oder minder lebensnotwendigen Dingen, also der wärmen-

1 Helmut Schelsky, Soziologie der Sexualität. Über die Beziehungen zwischen Geschlecht, Moral und Gesellschaft. Hamburg 1955, S. 124 ff. (Hervorhebungen von Schelsky nicht berücksichtigt)

den, haltbaren Kleidung, den von körperlichen Belastungen befreienden Arbeitsinstrumenten, den Fortbewegungsmitteln oder gedruckten Gedanken. Sie entfalteten sich auch an Silberdosen, Ingwer und Pfeffer, an scharlachrotem Tuch, spanischen Fliegen und Kanthariden, an Zuckerwerk und Schokolade, an Tee, Tabak, Kaffee. Erregte man sich vordem vielleicht bei Spiel, Tanz und Maskerade, beim Beischlafen und Raufen, an isolierten magisch-religiösen Ereignissen und Handlungen, also vor allem periodisch und an und mit anderen Menschen und auf ebenso vielfältige wie unsublime Weise, ist die Erregung bei entfesselter Warengesellschaft konfektionierter, von allen Gesellschaftsmitgliedern formal gleich gefordert und in der Grundstruktur inhaltlich gleich geliefert, über das eine Maß, die Käuflichkeit der Dinge, geschlagen. Hatte der Schatzbildner der Akkumulationsphase »dem Goldfetisch seine Fleischeslust« geopfert, »mit dem Evangelium der Entsagung« Ernst gemacht und als Kardinaltugenden »Arbeitsamkeit, Sparsamkeit und Geiz« ausgebildet, besann sich der spätere, klügere Kapitalist darauf, daß schon der »Trieb der Schatzbildung ... von Natur maßlos«[1] ist. Einmal in die endlose Umlaufbahn geschickt, setzte der scheinbar sich selbst verwertende Wert Produktivkraft um Produktivkraft frei, Bedürfnis um Bedürfnis, darunter natürlich auch solche, auf die sich die Mitglieder vergangener Epochen hätten keinen Reim machen können, mit dem Kopf nicht und nicht mit dem Bauch.

1 Karl Marx, Das Kapital. Kritik der politischen Ökonomie. Erster Band (1867). MEW, Bd. 23, S. 147

Die Waren begannen auf immer gekonntere Weise, ihre Oberfläche, die die Sinne des Käufers anspricht, gewissermaßen von sich abzulösen, ihr eine eigene Gestalt und Funktion zu geben. Zum Gebrauchswert der Ware trat das von seiner Verpackung und Verpuppung signalisierte Versprechen, daß sie diesen habe. Die Differenz von Gebrauchswert und Gebrauchswertversprechen bestimmte Wolfgang Fritz Haug als ästhetisch und unterzog sie der Kritik; daher der Titel seines Werkes: *Kritik der Warenästhetik*.[1] Die gesonderte Produktion der Erscheinung des Gebrauchswerts liegt in der Logik des Tauschwertstandpunkts selber. Von diesem Standpunkt aus kommt es auf das Gebrauchswertversprechen an: Eher gekauft wird schließlich das, das mehr scheint als es ist, als das, das mehr ist als es scheint. Hier wird evident, welche Bedeutung der Schein im Kapitalismus hat und warum der Begriff des Fetischismus kein randständiger ist.

An diesem Punkt angelangt, müssen wir kurz die in linken Abhandlungen glaubenssatzmäßig hergesagte Behauptung gesondert untersuchen, nach der Sexualität schlechthin zur Ware geworden sei. Auch Haug drückt sich leichtfertig in diesem Sinne aus. Wäre es so, lebten die Menschen nicht in Verhältnissen des Scheins, durch diese vermittelt, nicht *mit* dem Schein und *im* Schein, sondern nur noch *zum* Schein. Sie wären nicht nur auf ihre Triebe und Grundvermögen herunterparzelliert, sondern auf dem Wege dinghafter Entfremdung in den

1 Wolfgang Fritz Haug, Kritik der Warenästhetik. Frankfurt a. M. 1971

Warendingen selber aufgegangen. Mensch und Ware wären identisch, Trieb und Phantasie ganz und gar zu käuflichen Dingen geworden. Das Sexuelle jedoch kann schon deshalb keine Ware sein, weil es nicht gebildet wird durch eine Tätigkeit, die einen bestimmten Naturstoff einem bestimmten Bedürfnis assimiliert, auf daß davon abstrahiert werde. Wird dem Sexuellen in diesem Sinne Warencharakter unterstellt, handelt es sich um eine Analogie, die auch noch falsch ist. Sexuelles ist immer schon dieser Naturstoff, einem Bedürfnis assimiliert. Als solcher kann er aber sehr wohl auf vermittelte Weise einen Warencharakter annehmen.

Weil es immer verdrehter zuging, ist der Warencharakter antiquierter Sexualformen leichter zu erkennen als der der modernen. So kann die Prostitution mit Haug auf dem Niveau der einfachen Warenproduktion gedacht werden, die Zuhälterei auf dem des Verlagskapitalismus, das Bordell auf dem der Manufaktur. Geht es hier auch heute noch trotz der eingeschossenen Mechanismen des Weltmarktes und des Welthandels recht unmittelbar und körperlich zu, sind die modernen Varianten dieser Sexualformen, wie Partnertausch, Gruppensexualität oder Peeping, in sich komplizierter. Wird Sexuelles schließlich auf der Höhe des monopolistisch entfalteten Kapitalverhältnisses und dann noch ohne erkennbare gravierende Restbestände aus vorkapitalistischen Zeiten vereinnahmt, ist der Witz gerade, und das heißt die Fetischisierung, daß das Sexuelle nicht unmittelbar, sondern vielfach gebrochen einen Warencharakter erhält. Je gebrochener es zugeht, desto beständiger der Schein von Unmittelbarkeit und Lust.

Nehmen wir nun den Blickwinkel der Kritik der Warenästhetik ein, so dürfen wir zwar nicht erwarten, das Sexuelle als Ware dingfest zu machen. Vielleicht wird aber evidenter: daß das Anwenden der Warenkategorie auf das Sexualleben keine Analogie, daß der Begriff des sexuellen Fetischismus kein psychologischer ist. Sinnliches ist jetzt schließlich mit den Dingen in Warenform selber verbunden, hat sich dort placiert und von dort aus sein Sperrfeuer eröffnet, ohne daß ein Ende abzusehen wäre.

Richtig ist zweifelsohne, daß die sexuelle Sinnlichkeit industriekapitalistisch in der Form ästhetischer Abstraktion verwertbar gemacht worden ist, wie es Haug analysiert. Daß aber die daraus resultierende Schein-Befriedigung bei allgemeiner sexueller Unterdrückung zu einer allgemeinen Sexualisierung führe und daß »tendenziell die Gesamtheit der Gebrauchsdinge mit Warenform ... in irgendeiner Weise Sexualform«[1] annehme, betont Haug zu einseitig; man kann auch sagen: zu altmodisch sexuell. Die »Triebunruhe und affektive Unstetigkeit«[2], die die reizenden Warenkörper in den Menschen erzeugen und die Schelsky oberflächlicherweise aus dem Abbau der Institutionen und fälschlicherweise aus dem Verlust der Konventionen resultieren ließ, wird gerade durch das undurchbrechbare Reglement der Warenwelt, durch die Konventionalisierung und Typisierung der Vorlieben, Affekte und Sehnsüchte sogleich gedämpft. Daß die Erregung da ist, wird niemand bestrei-

1 Wolfgang Fritz Haug, Kritik der Warenästhetik, a.a.O., S. 68
2 Helmut Schelsky, Soziologie der Sexualität, a.a.O., S. 109

ten wollen. Man muß nur die Gesichtsröte, das Glanzauge, den Körpertremor der jungen Männer betrachten, wenn sie sich auf der Automesse in den Porsche 999 Turbo fallen lassen wie einst vielleicht der Abbé Gédouin auf die sagenhafte Ninon de Lenclos.[1] Ob diese Erregung jedoch noch sinnvollerweise als »sexuelle« zu bezeichnen ist, bezweifle ich sehr. Das Sperrfeuer der Dinge holt aus den möglichen Käufern nicht nur Bedürfnis um Bedürfnis und Wunsch um Wunsch heraus oder setzt sie in sie hinein, es stumpft auch ihre Sinne ab. Um so näher liegt es dann, weil das Sexuelle so leibhaft ist und zugleich tabuiert, gerade sexuelle und solcherart tingierte Reize einzusetzen, obgleich sie schon durch diesen Einsatz entsexualisiert sind.

Will man diese Frage einer Klärung näher bringen, wird man auch zu analysieren haben, welcher Art die Sinnlichkeit ist, die die heutigen Menschen auf die technischen Apparaturen verwenden und aus diesen herausziehen. Man denke beispielhaft daran, wie der Flipper mit seinem Automaten sinnlich und überhaupt verschmilzt. Hierher gehören dann Beobachtungen wie jene, daß es Jugendliche »geil« finden, wenn es bei einer Demonstration endlich Putz gibt. Hierher gehört vielleicht auch die Klage linksliberaler Väter, ihre puberalen Söhne onanierten nicht mehr. Und schließlich wäre zu analysieren, inwieweit solche allgemeinen Entsexualisierungen der Sinnlichkeit die Sexualität selber in ihren hausbackenen Formen desexualisieren. »Die Frau«, sagt

1 Die Briefe der Ninon de Lenclos. Ein Roman der Liebe, übertragen und eingeleitet von Horst Broichstetten. Berlin, o. J.

Adorno, »berauscht sich am Akt des Einkaufens ... Die Autoreligion läßt im sakramentalen Augenblick zu den Worten ›das ist ein Rolls Royce‹ alle Menschen zu Brüdern werden ... die Mädchen lassen sich in Situationen der Intimität die Erhaltung von Frisur und Schminke angelegener sein als die Situation, der Frisur und Schminke zubestimmt sind ... Das chauffierende Paar, das seine Zeit damit zubringt, jeden begegnenden Wagen zu identifizieren und froh zu sein, wenn es über die lancierten Marken verfügt, das Mädchen, das seine Lust nur darin noch hat, daß es und sein Geliebter ›gut aussehen‹ ...: all das bewegt sich nach dem gleichen Befehl.«[94]

Andererseits ist es keine Frage, daß in den letzten Jahrzehnten zunehmend Geschlechtsmerkmale, sexuelle Werte und einzelne Reizmomente warenstrukturell als Schein in Dienst genommen worden sind. Untersuchte man unter diesem Aspekt allein die Werbung, käme ein ungeheures Material zutage. Darüber hinaus sind nicht nur jene Waren ins Kraut geschossen, die gewissermaßen zwangsläufig und zumindest äußerlich eine Sexualform haben, also z.B. die Artikel des Spezialversandhandels, allerlei sexuelle Hilfsmittel, gewisse Zeugungsverhütungsmittel, Heftchen, Filme und so weiter. Nicht wenige Waren geben sich tatsächlich als spezifisch sexuelle Verheißung aus, sie wollen ihren sexuellen Schein als Ware an den Mann bringen. Sexueller Schein aber ist es allemal, weil der bloß verheißene Gebrauchswert nichts anderes sein kann.

1 Theodor W. Adorno, Über den Fetischcharakter in der Musik und die Regression des Hörens. Zeitschrift für Sozialforschung 7, 312-356, 1938; hier S. 332

Bestand der Fetischcharakter bei den sexuellen Werten wie Liebe und Beziehung im Nichttauschwertversprechen, hat er hier eine andere Gestalt. Nicht der Schein des Nichttauschwerts fungiert hier als Tauschwert, sondern der Schein des Gebrauchswerts, das Gebrauchswertversprechen. Doch hier wie dort bemächtigt sich der Schein von Lust und Unmittelbarkeit des Tauschwerts. Lustvolle Lustfeindschaft, Menschenverachtung in Liebe setzen sich so oder so durch. Während das als bloßer sexueller Schein in Dienst genommene Sexuelle den Mechanismus der bloßen Lust voll in seine Funktion setzt, verharmlost der Schein des Nichttauschwerts auf seine Weise und entbindet ebenso vom Denken des Ganzen. Verfällt dort die Subjektivität, ein ergrauter Widerpart der Verdinglichung, gerade dieser, ist es hier der Reiz. Jede Sphäre des Sexuellen produziert ihren eigenen Schleier der unmittelbaren Intimität. Aber wie sich die Hingabe auch immer deklarieren mag, ihrer Spontaneität ist sie schon beraubt, und der Betrug folgt ihr auf den Fersen. Geronnen ist sie beim bloßen Reizen wie beim Lieben, weil beides isoliert ist, aus sinnverleihenden Bezügen herausgetrennt, von der Bedeutung des Ganzen abgekehrt, blind und irrational.

Durch alle Sphären wird die fetischistische Parole geschrien: daß es natürlich und normal zugehe, daß es privat und intim sei, daß es Spaß mache. Suspekt ist nicht das abweichende Verhalten, sondern die spontane Beteuerung, es sei doch ganz üblich, menschenmöglich. Wie der Fetisch Liebe seinen Wert aus seinem Wesen selber schöpft, nimmt ihn die Verliebtheit aus der Raserei der Affekte. Wie sich die gemanagten technischsozialen Verkehrsformen durch Pseudoaktivität und allerlei Schauspiel zu verlebendigen suchen, maskiert der geschichtslose Reiz seine Verdinglichung durch Buntscheckigkeit und sonstige Überraschungen. Die linksliberale Parole der paraphilen Äußerung aber heißt: nonkonform und subversiv. Wenn es schon in den konfektionierten Sphären des Sexuellen kein Glück, keinen Rausch, kein Aus-der-Welt-Treten gibt, dann wird es hier versprochen. Hier habe die *promesse du bonheur* ihren Ort, hier tue sich der Trieb unmittelbar kund, hier gebe es keine Maskerade, und weil der Schein fehle, werde der Möglichkeit die Treue gehalten. Falsche Versöhnung finde nicht statt.

Tatsächlich erinnert das Loblied des Perversen vehementer als andere an den Doppelcharakter des Sexuellen, einerseits konform und gezügelt, andererseits subversiv und durchbrechend zu sein. Vehementer, weil von Tabus affektiv hochgeschaukelt. Ohne diese Verbotsmusik mahnt aber ebenso das hohe Lied der Liebe. Wenngleich sich die unterliegende fetischisierte Verdinglichung in den Sphären des Sexuellen nach deren verschiedenen Seiten verschieden ausdrückt, so tut sie es doch immer. Um so unzulässiger ist es, die getrennten Sphären des Sexuellen getrennt zu halten. Die eine Illusion tritt ebenso als emotionale Zwangsgestalt auf wie die andere. Der Verliebungsprozeß ist nicht unnatürlicher als die sich suchtartig entwickelnde Perversion. Das Lob der Ehe ist der Tadel des Reizes, das hohe Lied der Liebe das niedere der Ipsation. Wird nur im Perversen die subversive Kraft des Sexuellen vermutet, ist die alte Separation auf inverse Weise in ihr Unrecht gesetzt.

Sollte vordem das Abnorme ausgeräuchert werden, geht es jetzt dem Normalen an den Kragen. Beide Parolen verkennen, daß die Sphären des Sexuellen, von der großen Liebe bis zum perversen Triebdurchbruch, eine Einheit bilden: die des ungelösten Widerspruchs.

Weil der Widerspruch ungelöst ist, ist keine in sich harmonische Möglichkeit des Sexuellen zu erkennen. Weil die zusammenzudenkenden Sphären im allgemeinen getrennt sind, läßt jede für sich Möglichkeiten erahnen, die eine eher still, die andere durch Schock. Anzusetzen aber ist nicht an der Linie des geringsten Widerstands, also am individuellen Erleben, sondern an den objektiven Widersprüchen im Innern des Objektiven selber. Denn das Ganze ist in sich widersprüchlich und bewegt sich nicht anders. Deshalb vermag der Schein das Wesen nicht immer und ganz und gar abzublenden, sondern erinnert auch immer wieder daran, wenngleich von Ferne und in Zwangsgestalt. Die Bourgeoisie hat die Idee der freien, gleichen, individuellen Geschlechtsliebe als allgemeine in die Welt gesetzt. Mehr oder weniger verdrossen erinnern unser Pathos der Liebe und die Allgemeinheit des Reizes daran, bei manchen auch die Suche nach Identität. Das Beziehungselend beweist: an der Idee wird festgehalten. Sonst gäbe es dort schon lange einen seelischen Stillstand wie in jenem Sektor, in dem die Sinnlichkeit ästhetisch abstrahiert ist. Daß sich der Widerstand wieder bei vielen über Gefühl und Leib artikuliert, weist darauf hin, wie sehr die Verdinglichung des Bewußtseins vorangekommen ist, wie sehr die Menschen nach innen getrieben sind, aber auch: daß die gesellschaftlichen Fetische zerbersten. Die auf den Boden Gedrückten, die ins Geschlecht Getretenen, die Schachmattgesetzten setzen sie schachmatt. Und generell: Wie keiner ganz an die »Selbstheilungskräfte des freien Marktes« glaubt oder daran, er werde im Arbeitsleben »als Mensch« genommen, so glaubt keiner ganz, daß die Lust, die ihm befohlen ist, alles sei.

Die Formen, in denen sich das gesellschaftliche Leben bewegt, sind nicht nur Lug und Trug; sie sind von großer pragmatischer Bedeutung, weil alltäglich real und lebenserhaltend. Das gilt auch für die sexuellen Formen. Die alltägliche Liebe ist nicht nur ein Fetisch, der verkehrt und maskiert, sie ist auch ein allgemeines Erfordernis in der gesellschaftlichen Kälte, Distanz, Leere und Abstraktion. Wo sonst auch könnten sich die Menschen verstanden, geborgen und nahe fühlen, wenn nicht in ihren Liebesbeziehungen? Ist dem Sexuellen sozial und seelisch die Funktion zugewiesen, gesellschaftliche Leere zu überbrücken, Lücken aufzufüllen, Sinn vorzutäuschen, Lebendigkeit einzublasen, die Menschen überhaupt noch etwas Menschliches spüren zu lassen, so tut es eben dies alles. In der Emphase der Partnerschaft, im Lob aufs Paar hallen zwar die Ideologien von der Sozialpartnerschaft, von der Tarifautonomie wider; sie enthüllen aber zugleich die ganze Ohnmacht und Depravation, die die Menschen im gesellschaftlichen Leben dazu bringen, sich mit ihren Produkten zu identifizieren. Jeder ahnt, daß Paarbildung, in welcher Form auch immer, keinen sicheren Unterschlupf garantiert. Um so verbissener und verzweifelter wird es versucht. Der Fetisch Liebe befestigt nicht nur die Einheit des Scheins, weil Barrieren gegen das Auseinanderfallen in widerborstige Lustmomente errichtet werden müssen. Er gründet auch auf anderen Widersprüchen, die sich zeigen, wenn das zerstört wird, woran sich alles zusammenfügte, wenn mit Haß quittiert wird, worum die Selbstaufgabe und das Fallenlassen nicht wußten.

Entsprechend beim Reizmoment. Es ist ja nicht menschenfeindlich, wenn Bedürfnisse und Wünsche geweckt und erzeugt werden. Warenästhetik meint ja auch, daß nicht nur mit Schein befriedigt wird, sondern daß neue Hungrigkeiten ihr Recht suchen werden. Hier wird nicht nur verheißen; die Möglichkeit ist objektiv. Die von der Warenwelt in ungeheurer Zahl und Qualität ausgestrahlten Reizmomente lassen durch Schablonisieren und endloses Rotieren die Phantasiewelt nicht nur versanden. Sie bereichern auch, putschen auf und kritisieren die Festigkeit der objektiven Formen, ohne die es sie gar nicht gäbe. Die unendliche Vielfalt und Virulenz der isolierten Reizmomente entwirft unwillkürlich das Bild eines gesellschaftlichen Zustandes, in dem nicht jeder Sinnenreiz vom Verstand blau geschlagen würde, weil er plötzlich einschießt, ohne höhere Weihe, oberflächlich und kurzlebig ist. Es scheint, als sei jetzt die Idee des freien, gleichen, individuellen Sinnenreizes in die Welt gesetzt, gegen dessen Isoliertheit an sich sinnlicher- und vernünftigerweise nichts einzuwenden ist. Das gleichzeitige Vorhandensein von dauerhafter Sinnesgemeinschaft und kurzlebiger Triebabfuhr erinnert daran, daß beides einmal in ein Gleichgewicht kommen könnte. Indem die gesellschaftliche Mystifikation des Sexuellen die Idee der individuellen Liebe allgemein erledigt, setzt sie sie erneut in die Welt.

Die Fetische im konventionellen Reich des Sexuellen, ob nun Liebe, Beziehung und sexueller Reiz oder Innerlichkeit, Selbstwert und Orgasmus, sind nicht nur um Erfolg zentriert, sondern auch um Lebendigkeit und Lebenssinn. Überall schimmert die Zwieschlächtigkeit durch. Die zur Abtreibung entschiedene Frau will unbewußt ein Kind haben. Der Mob, der einen »Kinderschänder« lyncht, möchte sich an dem Kind selber vergehen. Das fällt alles zwar aus dem allgemeinen Verblendungszusammenhang nicht heraus, ist auch nicht der Strand unter dem Pflaster, durchbricht aber diesen Zusammenhang auf der psychischen Ebene partiell. Die alten Widersacher dinghafter Entfremdung, Subjektivität und Reiz, melden sich zwar kaum zu Wort, um so mehr aber zu Gefühl und Leib.

Der Doppelcharakter des Sexuellen gibt sich also nicht nur in der Perversion zu erkennen. Wie aber steht es um deren Subversivität? Daß das Perverse, Abweichende, Extreme ohne das Übliche weder zu denken noch zu verfolgen wäre, davon war schon die Rede. Auch, daß es wie alles auf Normalität gezogen wird. Schließlich, daß es, psychologisch betrachtet, zum normalen Liebesleben gehört wie der Tausch zur Ware. Überwiegt aber womöglich sein subversiver Charakter seinen konventionellen so sehr, daß jener den Ausschlag gibt?

Zunächst: In der Form der Perversion erreichen die partiellen Lüste keine andere Einheit als die verdinglichte. Gerade durch ihren psychischen Sucht- und Zwangscharakter sind sie starr und schematisch. Lustfeindschaft in der Lust herrscht hier wie ansonsten auch, kommt nur durch ein anderes seelisches Kommando zustande. Selbst in dieser Form aber stehen die partiellen Lüste dem verknöcherten Schein der Einheit des Konfektionierten kritisch gegenüber. Oft haben sie die Maske des falschen Glücks gar nicht aufgesetzt. In der Distanz zu den Zwecken sind sie dem Traum von der Freiheit dann so nahe, wie es das gesunde Volksempfinden befürchtet und ersehnt. Dem Schein der natürlichen Konvention widerspricht der Durchbruch perverser Strebungen durch größere Unmittelbarkeit und Leibnähe. Er stellt sich verheißungslos vom Tauschwert frei und wird dadurch subversiv. Das holt die Wut jener hervor, die sich ihren Sexual- und Seelenfrieden durchs affektive Besetzen des Tauschwerts erkauft haben. Sie wollen unbehelligt durchs Leben gehen, ahnen aber im abgedunkelten Unbewußten, daß nur lebt, wer behelligt und behelligt wird. So widerspricht die Fremdartigkeit des Perversen der falschen Eigenartigkeit des Normalen, hat aber keine Kraft mehr, sobald sie sich manifestiert. Dann sind das sadomasochistische Ritual und die alltägliche Liebe gleich fern und nah, fremd und eigen.

Daß das Perverse wie die normale Verliebtheit seiner Widerstandskraft beraubt ist, sobald es schematisch in sich selber läuft, hat nicht nur psychische Gründe. Auch die partiellen Lüste, die Perversion, das Sexualverbrechen haben einen Warencharakter angenommen. Das hat alle an den Rand ihrer bisherigen Existenz gebracht, einige schon ausgerottet, andere total antiquiert.

Gleichgeschaltet ist beispielsweise der Notzüchter. Behandelt er doch Menschen wie seelenlose Dinge, die man ohne Schuld und Schande benutzen kann. In den

USA hat er sich schon lange zu den konformen Verbrauchern gesellt, also seinen einstigen Status eines Individualpathologen mit vereinzeltem Seelenschicksal abgelegt. Dort hat man sich als Frau nicht nur bei Nacht und in zweifelhaften Gegenden in acht zu nehmen. Und selbst das für Lehrbuchgläubige Unvorstellbare wird dort beobachtet: Frauen vergewaltigen Männer, was technisch etwas komplizierter ist. Das Skandalöse am Notzüchter ist, daß er etwas wahr macht, was niemand wahr haben will. Er nimmt andere Menschen als so belanglos, willenlos, bereits abgestorben und zu Stoff geworden, wie es zwar im objektiven Zug liegt, im Alltagsbewußtsein aber maskiert bleibt. Indem der Vergewaltiger die Devise wahr macht, nach der der Mensch nur dann zählt und nur so viel, sofern und inwieweit er benutzbar ist, variiert er das Generalmotto: Nach uns die Sintflut. Die Meinungsmacher müssen tief in die Fetischkiste greifen, um den Betroffenen weiszumachen, das alles habe nichts mit der allgemeinen Verdinglichung zu tun. Die Frage, warum der kleine, bisher ebenso graue wie unbescholtene Angestellte rudelweise zum Vergewaltigen übergegangen ist, wird dabei so klar beantwortet werden wie es eine Kloßbrühe ist.

Gleichgeschaltet ist auch der Pädophile. Er macht augenblicklich auf seine Weise deutlich, daß nichts und niemand der Benutzung entgeht. Ein Schonraum für Kinder wäre ja auch ebenso anachronistisch wie das Tabu, das auf deren Sexualität liegt. Doch das Skandalöse am Pädophilen ist, daß er den Kindern jene Liebe geben will, die generell versprochen, aber kaum vermocht wird. Er nimmt die Kinder so ernst, wie es ein Fernsehapparat nicht fertigbringt. Das erzeugt ein Mißbehagen und wirkt subversiv.

Sind die Pädophilen noch etwas davon entfernt, als soziale Minderheit anerkannt zu werden, stehen die Transsexuellen kurz vor dem Ziel. Sie tun heute das, was bisher nur Homosexuelle richtig fertiggebracht haben: auf die Straße gehen, die Medien benutzen, sich organisieren, als Gruppe kämpfen. Wie die Homosexuellen sind sie dabei, nicht mehr als individuell grotesk, vielmehr als biopsychische Minorität angesehen zu werden. Das wird auch die Verfolgung variieren.

Ins Komische abgedrängt und total überholt sind der Exhibitionist und der Voyeur. Im Zeitalter des Zur-Schau-Stellens und der Sexografie sind sie um das Schockierende ihrer Existenz gebracht. Nicht nur in Dänemark hatten die Normalen sehr schnell nur noch ein müdes Lächeln für die Gliedvorzeiger übrig, nachdem in Kino, Fernsehen und Schaufenstern Geschlechtswerkzeuge in ausreichender Menge und Variation ihren Auftritt gehabt hatten, die Stupidität ihrer bloßen Erscheinung verratend. Von nun an waren die Exhibitionisten auf ein weiteres genötigt, um Bestrafung und das Ekelgefühl der anderen zu kämpfen. Richter, ja selbst Polizisten und psychiatrische Ermittler sind zu milde geworden. Liebevoll vernichtend nennen sie sie ihre »Exis«. Obgleich überlebt und existentiell bedroht, tanzen Exhibitionisten und Voyeure weiterhin aus der Reihe. Wollen die einen das globale System des Grauens und der Greuel mit einem steifen Glied schockierend unterbrechen, betreiben die anderen etwas heimlich und verschämt, was ansonsten öffentlich ist und ohne jede Scham.

Schon ausgerottet im Leben wie im Gesetz- und Fachbuch ist der Sodomit. Man muß zu den Werken der ersten Sexualpathologengeneration greifen, wenn man erahnen will, wie besonders der Kaninchenliebhaber einst war. Die heutigen Sodomiten, die sich massenhaft mit ihren Lieblingen häuslich, sklavisch und steuerzahlend eingerichtet haben, machten solchen Sonderlingen den Garaus. Womöglich wären sie auf beschämende Weise darin erinnert worden, daß sie ohne ihre Haustiere überhaupt keine Gefühle mehr placieren könnten, überhaupt keinen Verkehr mehr hätten. Der alte Sodomit ist in der Normalität aufgegangen. Er wurde wegrationalisiert.

Dieses Schicksal ist gewiß kein einzelnes. Nicht nur Exhibitionisten und Voyeure und natürlich Fetischisten werden aufgerieben, auch die guten alten Transvestiten und gewisse, lange schon sirrende Homosexuelle. Hat den einmaligen Damenimitator längst der kulturelle Transgestismus, die transvestitische Massenshow geschluckt, müssen diese Homosexuellen dem Gemeinwohl dienen, indem sie in der Sphäre der Zirkulation mit der Strumpfhose ein Stück von sich selber charmant veräußern. Das ist Ausrottung durch Verramschung. Die Vereinheitlichung der Sinnlichkeit in der Form der ästhetischen Abstraktion liefert dazu das Modell.

Es ist also nicht die Weichheit der normalen Männer allein, die alle hart gemacht hat. Lassen sich die einen jetzt die Geschlechtsorgane herausschneiden, tun die anderen oft so. Wer noch vor einer Generation blande effeminiert war oder ein Kleiderfetischist, muß heute das Geschlecht wechseln, was natürlich unmöglich ist. Wer ephebophil war, soll heute gefälligst kleine Kinder begehren. Wer einfach homophil empfand, wird heute nicht selten von Leder, Muskeln, Schweiß, Uniformen oder allerlei Torturen angezogen. In solchen Stufenleitern lösen sich die klassischen Abweichungen und Perversionen auf.

Bleibt als einzigartig der Sadomasochist? Höchstens, weil sein Begehren unterm Aspekt von Gefahr und Verbrechen und Katastrophe angesichts der wirklichen Lage ebenso altmodisch wie harmlos ist: Aus allgemeinem Grund muß ihm jede Erniedrigung ins Menschenfreundliche, jedes Auspeitschen ins Gemütliche mißraten. Er spielt Herr und Knecht, und die Welt ist so. Er phantasiert die kleine Vernichtung, und die große ist real. Das macht seine Vorlieben objektiv makaber. Dabei wäre es so süß, beides zu sein, einmal der Henker, andermal der Hingerichtete - und doch moralisch bei sich.

Widerstand und Hoffnung ziehen sich in die Extreme von Bewußtsein und Sein, Vernunft und Trieb, zurück. Beide insistieren auf dem Traum von der Freiheit. Nicht, daß der Trieb als sinnlich-sexuelle Zellenform zum Gesellschaftlichen hin inert wäre. Sein Mehr an leiblicher Gebundenheit hat aber womöglich ein Mehr an Widerstand zur Folge. Wie daran zu erinnern war, daß der Mensch auch ein Naturwesen ist, so ist daran zu erinnern, daß seine Triebhaftigkeit im Biologischen gründet. Alle Natur ist gesellschaftlich vermittelt, aber alle Gesellschaft ist auch natürlich vermittelt. Es gibt folglich keine unmittelbare Kundgabe des Triebes; sie erfolgt auf dem Boden der basalen Verblendung und wird durch die seelischen Entwicklungen und Prozesse erst zu dem, als das sie erscheint. Ebenso folglich aber wäre das von aller Kreatürlichkeit gereinigte Sexuelle dem Gesellschaftlichen vollkommen äquivok. Das wäre die Fetischisierung des Sexualfetischismus. Daß das nur in den Köpfen einiger Theoretiker gelingt, die vom Sexuellen bereits Abschied genommen haben, zeigt der alltägliche Kampf um Reize, Beziehungen und Liebe, zeigt der subversive Charakter des Sexuellen aller Sphären. Über ihre Triebwünsche und Gefühle erfahren die Menschen sich, einander, ihresgleichen und ihre Welt am eindrücklichsten. Ein Materialismus, der davon und damit von der leiblichen Materialität absieht, greift zu kurz. »Fleisch und Blut ist Leben und Leben allein die Wirklichkeit des Leibes«[1], sagt Ludwig Feuerbach.

Wirklichkeit des Leibes - das meint nicht zuletzt Sexual- und Selbsterhaltungstriebe. Werden erstere von der Realität des Körperlichen abstrahiert, brauchen wir gar nicht mehr zu fragen, wie unaufhebbar sie sind. Daß sie aufschiebbar, verdrängbar, sublimierbar, überhaupt sehr geschmeidig sind, nehmen wir an. Ebenso aber nehmen wir an, daß sie sich immer aufs neue durchsetzen, und zwar innerhalb der Vermittlungen von Naturalem und Historisch-Gesellschaftlichem. Freud fand, die Selbsterhaltungstriebe seien »leichter zu erziehen« als die Sexualtriebe, die sich »am eigenen Körper autoerotisch befriedigen«, während jene von Anfang an »den Weisun-

1 Ludwig Feuerbach, Das Wesen des Christenthums (1841), durchgesehen und neu herausgegeben von Wilhelm Bolin. Sämmtliche Werke, neu herausgegeben von Wilhelm Bolin und Friedrich Jodl. Bd. 6. Stuttgart 1903, S. 110

gen der Realität« zu folgen hätten. Der realen Not zunächst entzogen, behaupteten sie »diesen Charakter der Eigenwilligkeit, Unbeeinflußbarkeit, das, was wir ›Unverständigkeit‹ nennen, bei den meisten Menschen in irgendeiner Hinsicht durchs ganze Leben«.[1]

Davon war in bestimmtem Blickwinkel die Rede, das meint der subversive Charakter des Sexuellen, das drückt der ungelöste Widerspruch aus, in dem sich alles Sexuelle einheitlich bewegt. Deprimierend genug, zieht sich die Sehnsucht nach heller Lust und Liebe auf den dunklen, seiner selbst wie der Welt ungewissen Trieb, auf Leiblichkeit zurück. Das Interesse des Verstandes aber bleibt es, aus den fest gewordenen Gegensätzen von Individuum und Gesellschaft, Gesellschaft und Natur, aus der höchsten Trennung eine Totalität zusammenzudenken, in der die Vernunft sinnlich vermittelt ist und die Sinnlichkeit vernünftig, eine Totalität, in der der Fetisch Liebe nicht den Fetisch Reiz fetischisiert und das isolierte Reizmoment nicht das verbundene Moment der Liebe. Besinnt sich heute der Verstand auf die Leiblichkeit des Triebes, sucht er weiter ins Unscheinbare vorzudringen, sucht er im wirklichen Leben einen Ort des geringsten Scheins, einen Ort, der zu sein die einzige Bestimmung der Vernunft selber ist.

1 Sigmund Freud, Vorlesungen zur Einführung in die Psychoanalyse (1916/17). Gesammelte Werke, Bd. XI. Frankfurt a. M. 1961, S. 368 f.

Literatur

Adorno, Th. W.: *Über den Fetischcharakter in der Musik und die Regression des Hörens.* Zeitschrift für Sozialforschung 7, 321 - 356, 1938

Anders, G.: *Die Antiquiertheit des Menschen.* Bd. II: *Über die Zerstörung des Lebens im Zeitalter der dritten industriellen Revolution.* München 1980

Aristoteles: *Nikomachische Ethik,* ins Deutsche übertragen von A. Lasson. Jena 1909

Benjamin, W.: *Briefe.* Bd. 2, herausgegeben von G. Scholem und Th. W. Adorno. Frankfurt a. M. 1966

Die Briefe der Ninon de Lenclos. Ein Roman der Liebe, übertragen und eingeleitet von H. Broichstetten. Berlin, o.J.

Clement, U: *Gefühlskalkulation.* In: Die sexuelle Frage, herausgegeben von V. Sigusch, Hamburg 1982

Engels, F.: Brief vom 21./22. September 1890 an Joseph Bloch. MEW (= Marx-Engels-Werke, Berlin/DDR 1956 ff.), Bd. 37

– : Brief vom 27. Oktober 1890 an Conrad Schmidt. MEW, Bd. 37

Feuerbach, L.: *Das Wesen des Christenthums* (1841), durchgesehen und neu herausgegeben von W. Bolin. Sämmtliche Werke, neu herausgegeben von W. Bolin und F. Jodl, Bd. 6. Stuttgart 1903

Freud, S.: *Vorlesungen zur Einführung in die Psychoanalyse* (1916/17). Gesammelte Werke, Bd. XI. Frankfurt a. M. 1961

Fromm, E: *Marx' Beitrag zur Wissenschaft vom Menschen.* In: Ders., Analytische Sozialpsychologie und Gesellschaftslehre. Frankfurt a. M. 1971

Godelier, M.: *Warenwirtschaft, Fetischismus, Magie und Wissenschaft im Marxschen Kapital.* In: Objekte des Fetischismus, herausgegeben von J.-B. Pontalis. Frankfurt a. M. 1972

Haug, W.F.: *Kritik der Warenästhetik.* Frankfurt a. M. 1971

– : *Vorlesungen zur Einführung ins »Kapital«.* Köln 1974

Hegel, G.W.F.: *Phänomenologie des Geistes* (1807). Werke, Bd. 3. Frankfurt a. M. 1970

Kant, I.: *Die Metaphysik der Sitten* (1797). Akademie-Textausgabe, Bd. VI. Berlin 1968

Lange, F.A.: *Geschichte des Materialismus und Kritik seiner Bedeutung in der Gegenwart* (1866). Erstes und Zweites Buch, herausgegeben und eingeleitet von A. Schmidt. Frankfurt a. M. 1974

Lukács, G.: *Geschichte und Klassenbewußtsein. Studien über marxistische Dialektik* (1923). Amsterdam 1967

– : *Vorwort zu Geschichte und Klassenbewußtsein* (1967). Frühschriften II. Werke, Bd. 2. Neuwied 1968

Marx, K.: *Verhandlungen des 6. rheinischen Landtags. Dritter Artikel. Debatten über das Holzdiebstahlsgesetz* (1842). MEW, Bd. 1

– : *Ökonomisch-philosophische Manuskripte* aus dem Jahre 1844. MEW, Ergänzungsband, Erster Teil

– : *Der achtzehnte Brumaire des Louis Bonaparte* (1852). MEW, Bd. 8

– : *Grundrisse der Kritik der politischen Ökonomie.* Rohentwurf (1857/58). Frankfurt a. M. und Wien, o. J.

– : *Das Kapital. Kritik der politischen Ökonomie.* Erster Band (1867). MEW, Bd. 23

– : *Randglossen zu Adolph Wagners »Lehrbuch der politischen Ökonomie«* (1879/80). MEW, Bd. 19

– : *Das Kapital. Kritik der politischen Ökonomie.* Dritter Band (1894). MEW, Bd. 25

– und F. Engels: *Die deutsche Ideologie* (1845/46). MEW, Bd. 3

Objets du fétichisme. Nouvelle Revue de Psychanalyse, Nr. 2, Herbst 1970 (deutsche Ausgabe: *Objekte des Fetischismus*, herausgegeben von J.-B. Pontalis. Frankfurt a. M. 1972)

Schelsky, H.: *Soziologie der Sexualität. Über die Beziehungen zwischen Geschlecht, Moral und Gesellschaft.* Hamburg 1955

Schmidt, G.: *Erotik ist nur noch Alleinsein.* In: Die sexuelle Frage, herausgegeben von V. Sigusch, Hamburg 1982

Sigusch, V.: *Vom Trieb und von der Liebe.* Frankfurt a. M. und New York 1984

– und G. Schmidt: *Jugendsexualität. Dokumentation einer Untersuchung.* Beiträge zur Sexualforschung, herausgegeben von H. Bürger-Prinz, G. Schmidt, E. Schorsch und V. Sigusch, Bd. 52. Stuttgart 1973

Weber, M.: *Gesammelte politische Schriften.* München 1921